科学新悦读文丛

U0736365

这样聊天不尴尬

[日]岩本武范 ◎著

徐晓晴 ◎译

人民邮电出版社

北 京

图书在版编目（ＣＩＰ）数据

这样聊天不尴尬 / （日）岩本武范著 ；徐晓晴译
. -- 北京 ：人民邮电出版社，2020.6
（科学新悦读文丛）
ISBN 978-7-115-53575-7

Ⅰ. ①这… Ⅱ. ①岩… ②徐… Ⅲ. ①言语交往—通
俗读物 Ⅳ. ①C912.13-49

中国版本图书馆CIP数据核字(2020)第040221号

◆ 著　　　　[日]岩本武范
　　译　　　　徐晓晴
　　责任编辑　李 宁
　　责任印制　陈 犇

◆ 人民邮电出版社出版发行　　北京市丰台区成寿寺路 11 号
　邮编　100164　 电子邮件　315@ptpress.com.cn
　网址　https://www.ptpress.com.cn
　大厂聚鑫印刷有限责任公司印刷

◆ 开本：880×1230　1/32
　印张：4.375　　　　　　　2020 年 6 月第 1 版
　字数：68 千字　　　　　　2020 年 6 月河北第 1 次印刷
　　　　著作权合同登记号　图字：01-2018-8710 号

定价：39.00 元

读者服务热线：(010)81055410　印装质量热线：(010)81055316
反盗版热线：(010)81055315
广告经营许可证：京东工商广登字 20170147 号

内 容 提 要

　　社交是一项很重要的技能，想拥有好的人际关系，首先我们就要会聊天。我们明明在一对一交流时无比顺畅，而一旦人数增加到 4 个，便觉得缄口难言。通常我们会把这归咎于自己的性格内向，不善言谈，但其实可能并不是这样。作者通过分析 3000 亿个人类行为模式数据，得出聊天和大脑之间存在密切联系。之所以人数达到 4 个便说不出话，是因为大脑的处理能力跟不上，感受到了压力。作者在本书中不仅分析了聊天背后的脑科学知识，而且给出了许多切实可行的方法，来帮助你提高聊天技能。

　　本书适合在朋友聚会、工作研讨会等人多的场合中感觉与环境格格不入，觉得自己内向、不会说话的读者阅读。

【这不是一本能令你变身为"再世诸葛亮"的会话秘籍】

有些人在一对一的交流中明明十分自在，但为何在 4 个人的交流中会瞬间不知所措呢？我们要在这本书中探讨的仅此而已。

在人多的时候，自己好像突然不会说话了，你是否也曾有过这样的感觉？

仿佛只有自己缄口难言，而别人都谈得热火朝天、不胜欢快。你想逃走，却逃不了，只能盼望着有人来提醒一句"到时间了"，好让大家各回各家。但你又不想被别人当作沉默寡言的家伙，于是便掏出手机装作给别人回消息。

然而此法不能支撑太久。因为当你"回复"完了，把手机放回口袋里，便发觉自己已经无法融入大家的对话中，若是马上再把手机拿出来，又担心被人察觉自己只是假装一副有事的样子……

在本书中，我们主要探讨了"在人多的情况下该怎么和大家恰当地沟通"这一问题。

因此，我首先要声明的是，本书并非大言不惭地要传授吸引世人目光的会话术的指导书，也不是大谈变不能为可能、让别人依照自己的意图行事的那种奋斗人士的自我启迪读本。

若你本意是想了解以上这些内容，那恐怕本书并非一个好的选择。

如果真要对阅读此书有什么期望，大概可以帮你做到在四五个人的交流中不做最寡言的那个人，不会被认为是一个无聊透顶、人缘不好而又心理阴暗的人，或者能让他人觉得你是一个挺有趣的人吧。

你不想被别人认为自己似乎没什么朋友，但若要自己去使劲儿套近乎，又觉得心余力绌。

虽然你每次都不会主动参加酒会或是聚会，但总会有人来邀请你。

为了让你能在一个团体中赢得一个"好地位""好人

缘",本书将为你出谋划策,帮助你突破有口说不出的困境,摘下内向阴沉之人的帽子。

【在 4 个人及以上的情境中,我们为何存在交流障碍?】

下面让我们进入正题。

就像上文所说的那样,虽然我们不像患了交流障碍症那般严重,但不知为何,人一多起来,我们在与别人沟通时就会感到很困难,大多数人似乎都遇到过这种情形。

例如,你站在公司咖啡机前的时候明明能和同事侃侃而谈,到了人多的酒会上却一下子成了"哑巴"。若那时别人关切地问你一句"今天怎么了",你也只好沉默不语。又或者是和 3 个不太熟的人一起乘坐出租车,你刚好坐在副驾驶座位上,只能听着坐在后面的 3 个人相谈甚欢,自己却很难接上话,这时你是不是会觉得目的地仿佛异常遥远?

当我们和朋友们相约见面时,开始两个人谈得好好的,随着第 3 个人、第 4 个人……的到来,来的人越来越多,自己就越来越说不上话。如果我们又看到朋友边咕哝着"打个电话他就来了吧"边掏出手机叫人，就会慌忙地在心里祈祷着他可千万别来。

那个时候，我们的心声用语言表达出来就是："人可千万别再多了。"

想想自己平日里也能跟领导和同事表达自己的意见，遇到投机的人也能聊得很开心，这样说起来自己也并不算是特别内向而不会说话。但的确有时候自己会觉得"不知为何，在人多的情况下一句话也憋不出来"。你是否也是如此呢？

那么，这所谓的人多的情况具体是几个人以上才算多呢？在两个人相对而谈时，来了另外一个人，就变成3个人说话，这时也许还不会有什么影响。但一旦再来一个人，总人数变成4个人的时候会如何呢？你是否突然萌生出一种"团体"的感觉？似乎不知不觉间自己竟变成了聆听者，再也不能随心所欲地说话了……这样的场景你可以想象出来吧。

那么到底是为何，交流的人数一旦达到了4个，就会令人突然沉默呢？

其实，这和我们的会话能力没有太大的关系，而是我们人类掌管交流的大脑的问题。也可以说，我们人类的这颗会话大脑才是症结所在。

VIII

为何我们在一对一交流时顺畅无阻，而在 4 个人及以上的交流中困难重重？可以从我们的大脑中找到原因。

这样说来可能稍显唐突，但本书便是要阐明多人交流和大脑之间的关系，为我们在 4 个人及以上的情境中也能顺畅交流提供一些方法。本书的主要目的是基于科学证据而非精神论，来解除 4 个人及以上交流难的困惑，并为其找到解决之道。在本书中，笔者将会从脑科学、心理学以及笔者的专业——行为分析学出发，对交流困难的问题进行考察，并告诉读者们一些众口交赞的沟通交流方法。

【从 3000 亿个行为分析数据中得出的"人增愈憎"法则】

笔者现就职于某铁路公司，围绕大脑机制做一些市场类的工作。另外，笔者以在职博士的身份，正在京都大学进行与人类特定行为背后的心理因素相关的研究，研究课题为"人何以采取如此行动"。

笔者的工作内容说得高级一点叫大数据分析，但其实就是验证一下"什么人""会怎么想""会采取什么行动"这样的问题，然后在商场的实际经营中加以应用，以促进营业额的增长。

笔者迄今为止分析了总计超过 3000 亿个人类行为模式数据，从中得出了如下结论：控制人类行为的大脑是仅凭经验对事物做出判断的，而其中大部分经验来自人类从古至今积累下来的共同记忆，因此，人们的行为是有一定规律可循的。

我们公司把人脑机制的研究成果应用到了许多领域的市场销售中，并获得了诸如此类的效果：使交通卡的发售热度一举超越购物积分卡，当地居民的持有率达到 50% 以上；改变超市商品的陈列方式，使销售额最高增长 7 倍；举行食品试吃活动，使营业额增长 5 倍；打造流行商品，使销量平均增长 2 倍；等等。

我对这般显著的效果感到非常惊讶，切实体会到"不知不觉间大脑支配了一切""（大脑机制使）人们的行为（变得）大致相同"。

除了数据分析，我还经常做多人采访。我每次会找 4 个人左右，先让他们在会议室里就商品或创意谈一下自己的意见，然后和周围的人自由讨论。在这一采访过程中，我注意到：采访前和我单独聊天时侃侃而谈的人，一旦进入 4 个人及以上的小组中，话语会明显减少；另外，虽然3 个人交流时大家都比较放松，气氛也不会尴尬，但一旦增加到 4 个人，不知为何，大家沉默的时间会越来越长。这样的情况出现了许多次。

我曾经也是一个不太会说话的人，在 4 个人及以上的谈话中也会痛苦不堪。这究竟是为什么呢？为什么一增加到 4 个人就会有人说不出话了呢？为什么偏偏是 4 个人而不是 3 个人呢？我对此疑惑不解，于是开始研究谈话和大脑之间的关系，并最终搞清了其中缘由。

同时，我也找到了破解 4 个人谈话困局的方法。我在多人采访中试用了这一方法，发现从前那种 4 个人谈话时大眼瞪小眼的尴尬情况大大减少了！从那以后，即便是采访 4 个彼此陌生的人，也不会有人沉默不语，尴尬的气氛一扫而光，甚至到时间了大家还在继续聊着。

【有交流障碍症的人拼命说话，反而会招致反感】

本书的目标不仅是使你成为一个人多时会说话的人。

我们设想一个场景：有 4 个人现在要一起去喝一杯。假设这 4 个人并非完全陌生，但关系也没到推心置腹、什么都能说的程度。比如说在一次职场聚会上，你要是因为不擅长说话而一言不发的话，你的同事、手下或上司可能会暗中说你"真是个闷葫芦""别老杵着呀，偶尔也抛个梗行不行"。那个你之前在相亲会上初次见到的姑娘若也来参加这次聚会的话，会边嘲笑你边回想起上次见你时你一言不发的情景，从而怀疑你是不是个大活人。

那么，如果你拼命和别人说话又会怎样呢？你的身边肯定会有一些人特别会说话吧。为了能和这种人稍稍比肩，平时不怎么开口的你拼了命地说话，但到时可能会落得这样的下场：你的同事和朋友依然不会认可你，甚至觉得你只顾自己说而不听别人说；那个你之前相亲见过的姑娘依然会暗中嘲笑你"真是太努力了"。所以，我非常遗憾地告诉你，这时的你并不是个会说话的人，只是个拼命说话的人罢了。

【谁也不愿意和你搭话的真正原因】

在一些多人交流的场景中，不说话会让人觉得你很无趣，说得太多又会招人反感。你可能想避免一言不发的尴尬，同时也不愿被人发觉自己在努力说话而被人看低。最理想的状况是，你说得不太多，也不过于拘谨，让别人下次还想和你一起喝酒聊天。

那么，在4个人的交谈中，哪种人最能给人留下好感呢？按发言次数的多少排名的话，第二名是个最安全的位置。发言次数第二多的人给人感觉最舒服，也最能给人留下好印象。但你可能会想："我本来就不擅长说话，又怎么让自己刚好成为那个说话第二多的人呢？"这一点你尽管放心。我在前文中说了，多人交流困难的症结在大脑。实际上，大脑也掌握着使我们成为说话第二多的人的钥匙。只要我们好好利用大脑，就能克服交流障碍症，在交谈中给人留下好印象。

我在进行多人采访时，如果将这一方法运用到特定的某个人身上，常常发现这个人不仅变得想说话，而且大家也会以他为中心展开交流，采访结束后大家对他的好感度也有所上升。

我发现，无论是不会说话，还是给人留下的印象不好，其根源都是一样的，本书会将这两个难题一并解决。

【让你不再为不会聊天而烦恼】

为了能说得出口，能做那个说话第二多的人，有一件事很重要，那就是有没有人跟你搭话。如果有人主动跟你聊天，你就能获得说话的机会，并摆脱想说而不知道怎么插话的尴尬，也就不用急着强行表现自己了。

你在被搭话之后，就要考虑"怎么说"的问题了，然后开始考虑以前是怎么说的、大家是什么反应，准备进入"待发言"状态。

从被搭话到进入"待发言"状态，再到真正把话说出口，我将按照这个顺序，为大家介绍克服多人交流障碍的方法。

有些人可能觉得只要有人能跟自己搭话，后面就没问题了，就完全可以不参考本书的方法了。还有些人觉得即便有人跟自己搭话了，自己也很难让对话继续下去，说到一半就又陷入沉默了。如果是第二种情况的话，就请参考本书第 3 章和第 4 章介绍的进入"待发言"状态和拓展会话的方法吧。

希望本书能解决你的交流问题，让你以后能自如地应对 4 个人及以上的多人交流场景。

目录

这样聊天
不尴尬

第 3 章

让自己时刻处于待发言状态

这样聊天
不尴尬

第4章

一说话就暴露自己有交流障碍的人和大家觉得有趣的人

第 5 章

震惊！ 4 个人都有交流障碍的话怎么办？

终章

说话这件事，说起来容易做起来难，需要巨大的勇气

跨越"3"和"4"之间的鸿沟

【存在交流障碍的原因何在？】

有些人在人少的时候明明很会说话，但人一多就突然变"哑巴"了，这究竟是为什么呢？我们先从这里入手，一步一步地揭开真相。

"根据说话对象调整你的说话速度""先听别人说""学会接话""改变一下表达方式""要有来有往"……这是市面上大量与交流会话有关的书传授给你的交流术，你可能对其中一两条也有印象。但是，又有几个人能真正克服令人头痛不已的交流障碍呢？说话方式、表达方式也好，谈话内容也罢，它们都会随着谈话对象的改变而改变，不存在所谓的一刀切疗法。所以，这类一刀切的交流术也就不能从根本上解决我们的交流问题。

说起来这也是理所当然的，因为我们所说的交流障碍——多人交流障碍症其实另有原因，那就是大脑处理能力的问题。

通常我们在交谈中听到某人说了一句话，反应过来后自己也要附和一下，或者自己也要说句话，接着对方再做出相应的反应。所谓的会话，就是这样一个语言和思考的交换过程。理解对方所说的话也好，用语言表达自己的意见也罢，都是由我们的大脑来处理的。大脑需要处理和调动会话所需的全部信息。谈话的人一多，发言的人也就变多了，进入大脑的信息量也随之增加，我们面临的"需要和谁说"这一问题的选项也就相应增加……综上，我们的大脑也就需要处理更多的信息。

一对一交流的时候，我们的大脑还游刃有余，一旦人数多起来，我们的大脑就会感到措手不及。这就导致我们说不出来和反应不过来的情况时有发生。所以，人多了就不会说话的问题，其实是我们大脑超负荷运作的外在表现。

一言以蔽之，我们在一对一交流的时候能心平气和、对答如流，在多人交流的时候却苦恼不已，这一问题的症结不在说话方式，不在表达方式，也不在谈话内容，而在我们大脑的处理能力。所以，不擅长和多人交流绝不是因为你嘴笨。调查研究显示，很多人和你面临着同样的问题。

【直言不讳其实很难】

当然也有很多人没有这样的苦恼，那是因为他们的大脑已经习惯了那样的超负荷运转，阈值变高了。这样的人当然很难理解你说的很难和多人进行交流，也许他们还建议你"别管他是谁，也别管他是怎么想的，你直言不讳，随便聊聊就行"。但是，所谓的直言不讳其实非常难。如果我们能直言不讳的话，当然想那么做，问题是做不到啊。所以，对本身就做不到直言不讳的你来说，这样的建议当然毫无用处。

像开会或小组工作这类事先已经基本定好议题和要做的事的交流，我们还能应付得过来。但是，在大家到齐之前需要随便聊点什么的时候，我们会非常尴尬且不知所措。

回到我们最开始提到的大前提，笔者觉得，在讨论说什么更好之前，我们应该先考虑一下怎么才能开口说这一问题。

会话并不是简单的条件反射，而是一个复杂的过程，需要先输入说话对象的相关信息，然后进行整理，最后在大脑中检索出与之相应的内容进行输出。这一过程需要我们的大脑保持高速运转。有几个人参与交谈，正是影响大脑运转的一个重要因素。

【品种丰富的果酱卖场反而卖不动果酱?!】

曾经有人研究过"大脑的处理能力和数字"这一课题，并得出了相应的结论。那是美国哥伦比亚大学的相关实验人员在卖果酱的商场里做过的实验。研究内容是货架上摆放多少种果酱，人们的购买意愿最强烈。这一实验为行为经济学提供了依据，营销行业将之称为果酱法则。研究团队就"若选项发生变化，人们的行为会如何变化"这一问题进行了调查研究。

对卖果酱这件事，超市工作人员的看法不一。有人觉得果酱的种类越多卖得会越好，也有人觉得果酱种类少的话，某一类会更显眼，所以更好卖。总之，它是围绕商品销量多少展开的讨论。如何陈列商品对超市店员来说也是个重要问题。

该实验调查了在超市的试吃购物区分别摆放24种果酱和6种果酱时，果酱的销售额是否会增长。你猜结果怎么样?

很自然地，当摆放24种果酱的时候，试吃购物区吸引了更多的顾客。草莓酱、蓝莓酱、橘皮酱等各种颜色的果酱摆在一起，引来很多顾客在此驻足流连。但是，最终只有 3% 的顾客真正买了果酱。明明这么"火爆",这么多人围观,怎么果酱就是卖不动呢?超市的工作人员也大失所望。

然而,与之相反,只摆 6 种果酱的时候,虽然没几个人来看,但是其中 30% 左右的人都会购买。30% 意味着来到柜前的每三四个人中就有 1 个人会买果酱。就最终买果酱的人数来看,摆放 6 种果酱时的购买人数是摆放 24 种果酱时的 6 倍还多。

那么,为什么选项变少了,果酱的销售额反而增长了呢?这也和我们大脑处理问题的能力有关。在选项增多的时候,如果我们大脑的处理能力跟不上,就会感到有压力。而大脑天生就抗拒这种压力,一旦碰到类似的情况,大脑就会觉得太麻烦了,干脆放弃好了。大脑就是这么任性。

24 种果酱对大脑而言实在太多了,因为好奇而聚集到柜前来观察的顾客却因为大脑处理不了那么多果酱的相关信息而陷入混乱,不知道买哪种好,最终放弃了购买。与之相反,只有 6 种果酱的话,大脑很快就能做出判断,比如"我想要草莓酱",所以果酱的销售额增长也是自然的。

信息太多的话,大脑的处理能力跟不上,就很容易陷入混乱,这是经过科学认证的事实。

【为什么 LINE[1] 聊天群中有 3 个人以上时会变得很乱？】

那么，大脑认为信息太多和不多的分界线在哪儿呢？我认为是在 3 和 4 之间。比如，当你在办公楼 1 楼等了很久电梯都没来的时候，如果你想去的是 2 楼或 3 楼的话，就会想着就当锻炼身体了，然后爬楼梯上去。但是，如果你想去 4 楼的话，情况也许就截然不同了。你有很大的概率会觉得爬 4 楼好累啊，还是再等会儿电梯吧。

又如在晚饭吃几道菜这一问题上，如果只有米饭、味增汤和一道小菜，你可能会叹一口气，心想"唉，今天的晚饭可真清淡"。但是若再多加一道菜，你就会觉得晚饭一下子丰盛了，感到心满意足，暗中赞叹"今天的晚饭真是营养均衡呀"。

在社交网络服务中也是这样。即时通信软件虽然很多，但是大部分人只会下载并使用其中的 2 ~ 3 种，很少有人会用 3 种以上。我本人用脸书比较多，最近用电子邮箱和

[1] 韩国的一款即时通信软件，在日本也很流行。

手机短信也比较频繁。对我来说，3 种通信手段还可以接受，但是突然加上 LINE 成了 4 种，我就突然分不清消息到底是从哪里发来的了，对信息的管理也变得混乱起来。

而拿 LINE 这个聊天软件来说，3 个人的聊天群里发来的消息我好像还可以兴致勃勃地回复，一旦变成 4 人群，面对群里发来的消息，我就会觉得非常不耐烦。需要回复的时候也不会再想着回每个人的信息，而是觉得"总有人会回他的，我就不回了吧"，于是聊天群里就会有那么一两条显示了已读却没有回复的信息。这样的情况并不少见吧？

我们经常说前 3 名，却很少听到前 4 名这种说法。奥运会上摘得金牌、银牌和铜牌的选手会被铭记，但是第 4 名、第 5 名呢？即使他们获得了奖项，其名字也很少被大家记住。"三大需求""三大问题"等，经常有这种以"三大"冠名的说法，却很少听说"四大某某某"。（此处为日本人的表达习惯。）

这样的例子还有很多，我在这里就不一一列举了。总之，这样来看，我们的大脑好像的确会觉得数量达到 4 及以上的东西有一种数量过多而难以应付的感觉。

【若把商品陈列从 3 列改成 4 列，销量会下滑】

我在某种商品的陈列规律上的新发现使我更加确信自己的观点。

根据调查，如果商家把商品摆成 2 列，销量会比摆成 1 列增加 1 ～ 2 倍。同样，摆成 3 列，销量会比摆成 2 列再增加 1 ～ 2 倍。所以，在试售某种调味品时，（我要求）店铺都要把它们摆成 3 列。每家商店的销量都蒸蒸日上，只有一家店铺出现了意外情况。我实地调查后发现，这家店铺和别家不同的是，店员误把商品摆成了 4 列。其实当时我并没有意识到原来摆放列数上的微小改变就能导致那么严重的后果，只是没找到别的原因，就只好让这家店铺和其他店铺保持一致，也把商品摆成 3 列。如你所料，这家店的销量随后就恢复了正常。我们在后来的调查中发现，这种现象在销售盒装牛奶等商品时也很常见。

商品摆成 2 列比摆成 1 列卖得好，摆成 3 列比摆成 2 列卖得好，但是一旦摆成 4 列，商品销量就会急剧下降。

通过讨论果酱法则中的 24 种和 6 种的区别、日常生活中的 3 和 4，还有超市中商品的陈列规律，我更加确信在数字 3 和 4 之间真的有我们的大脑难以逾越的"高墙"。

【谁也不想"再加 1 个人"】

"3 个人说话时我还可以应付得来，一旦变成 4 个人交谈，我就突然成'哑巴'了"，时常产生这样的感觉，绝不是因为你嘴笨。

比如，只有 3 个人的话，大家会一起聊天、做事，但一旦变成 4 个人，大家好像就自然而然地两两分组了。前文说到果酱法则时也提到过，我们的大脑其实很任性，想尽可能地减少自己的工作量。就是说，我们的大脑也在想："若只有 3 个人的话，这个工作量我还可以应付得来，而达到 4 个人的话，我就处理不过来了呀，所以人还是少一点儿为好。"

我在进行群访的时候经常遇到 4 个人以上时大家都沉默不语的尴尬情况。我组织过的群访或参加过的工作小组遇到的人加起来可能有 1000 多人了。采访 3 个人的话，大家都会积极发言，而采访 4 个人或更多人，气氛就会一度非常尴尬……我遇到过很多这类情形。

做群访时经常会有人迟到，那也是没有办法的事，我只好先采访已经到场的 3 个人。采访 3 个人的时候，大家都会踊跃发言，现场气氛融洽，采访会进行得很顺利；然而一旦那个迟到的第 4 者来了，变成要采访 4 个人之后，就连刚才积极发言的人也会突然变得沉默。

刚开始我以为前 3 个人碰巧都认识，第 4 个人和其他 3 个人不熟，所以大家才会尴尬。但是后来我无意间问他们："今天来的人都彼此认识吗？"结果发现大家都是第一次见面。我曾经以为第 4 个人来了以后人多会更热闹，没想到被实际情况狠狠打脸了。

以上群访的经验也可以验证前文的结论。也许会有个体差异，但总的来说，我们普通人的大脑只擅长处理 3 个人以下的交流问题，谈话场景一旦变为 4 个人，信息量就会超过我们大脑的处理能力，会触碰到 3 和 4 之间不可逾越的高墙而被狠狠地反弹回来。

那么，既然找到了原因，接下来就是如何解决问题了。既然症结在大脑，我就不得不运用我在之前的研究中获得的知识，并通过群访的反馈情况来寻找解决之道。

最终，我的确达到了目的，让群访中的人不再沉默尴尬。即使我什么也不做，大家还是会一句接一句地谈天说地，根本停不下来。

【 让你不再说不出口的两种方法 】

大家一定很好奇我到底采用了什么神奇的方法吧，其实方法有两种。

第 1 种是"激活大脑，开启谈话模式"法。

首先，你可能会问"什么是激活大脑"。就像我在前文所说的，交流障碍其实是我们大脑处理信息的能力不足的表现。那我们就假设一下，通过刺激大脑的会话区，是不是可以提高大脑处理信息的能力，最终使我们克服多人交流障碍呢？

这一假设可以联系到我的一些个人经验。我最开始关注大脑问题缘于我女儿的一场车祸。2000 年 2 月，我两个月大的女儿遭遇了一场交通事故，她的脑部严重受损。医生告诉我，大脑一次受创，终生难以修复，所以我的女儿肯定会留下后遗症，一辈子生活难以自理。但我坚决不相信，觉得一定有什么方法可以救我的女儿。于是，我自学了很多与大脑相关的知识，最终得出的结论是：可以通过外部刺激提高大脑的活性。

我把这一理念贯彻到了女儿的康复治疗中，结果发现女儿通过康复治疗，原本动不了的左手竟然可以活动了。渐渐地，她的左手可以弹钢琴了，现在甚至能演奏单簧管了。然后，我把这一理念也运用到了时常陷入尴尬境地的群访中。

这里说的"刺激大脑"可不是用手给头部做按摩。我在学习与大脑相关的知识时了解到，用某种特殊的方法活动身体或发出声音，可以提高大脑会话区的活跃度。我就是运用了这条知识，在进行群访之前，让大家做一些练习或做一下自我介绍，结果收到了很好的效果，采访中不喜欢说话的人也愿意开口说话了。

第 2 种方法是信息化繁为简法。

我们的大脑有一个特点，就是更容易接受从左边传来的信息（关于这一点，接下来我会详细说明）。我利用大脑的这一特点，在群访中对人们坐的位置、发言的顺序、视线的方向等细节做了调整，使接受采访的人的大脑更容易对信息进行处理，即使是 4 个人的谈话也进行得更加顺利了。利用这一特点，我还可以使人们的对话围绕一个特定的人展开，或者使人们增加对某个人的好感度。

我在群访中采取以上两种方法后（指在采访前活动一下大脑，采访过程中用大脑更容易接受的方式展开对话、调换座位等手段），谈话的氛围确实为之一变，没有人再全程闷声不响了。

【提高了聊天能力也聊不起来】

我们要想说得出口，就必须刺激我们的大脑。单单在说话方式和话题选择上下功夫，不足以应付 4 个人及以上的多人会话。因为如果不激活大脑，大脑自己不愿意说，无论（嘴皮子的）技术磨炼得多好也无济于事。

即便你想努力提高自己的聊天能力，如果连话都说不出口，又怎么能起到锻炼的效果呢？与之相反，如果能让大脑处于能说的状态，从根源上解决问题，你就不会再被认为是不会说话、存在感弱的人了，也就能摆脱社交场合中全场交流能力最差的不利处境。

如果你学会了利用大脑的特点，那么摆脱"最不会说话""最无趣""最普通"的社交标签就是很简单的事。如果你能再根据对方大脑的特点采取相应的交流手段，你就一定会给人留下好印象，成为大家都愿意搭话的那个人。

当然，面对 5 个人也好，6 个人也好，甚至 10 个人也罢，从激活大脑的角度来说，都可以采用和 4 个人交流时基本相同的策略。

　　能否把话说出口，能否成为给人留下好印象的人，取决于你的大脑处理信息的能力。当你想要避开尴尬的氛围而假装玩手机时，你在想些什么呢？你肯定在想："我先管好自己吧。"正是这样的想法驱使你装出一副忙着收信息、回信息的样子。

　　接下来，我们要看看说不出口的人、阴郁的人与会说话的人、经常被搭话的人相比究竟有什么不同。

第 1 章

为什么一对一交流时对答如流，4 个人交流时却缄口难言？

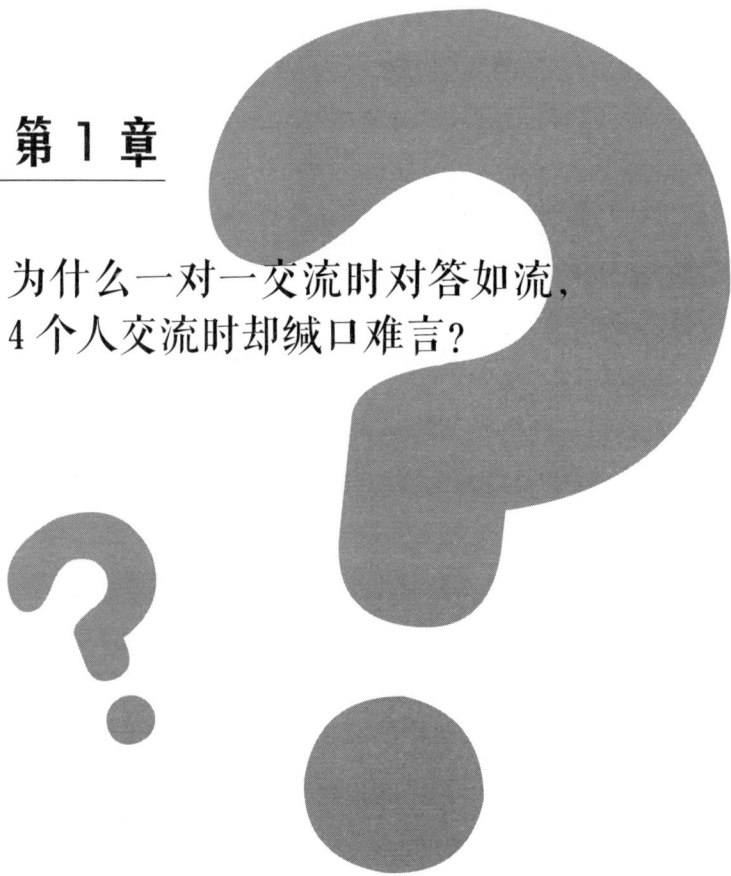

【人一旦沉默下来，就很难再开口】

　　大脑的信息处理能力到底指的是什么？你可能也会有这种疑问。我在这里简单分析一下我们大脑的构造和交谈时大脑的运转情况。

　　在会话时，我们大脑中起作用的主要是位于前部、主管语言和思考的名为前额叶的部分。这部分脑组织是我们的会话中枢，也就是真正的会话脑。在前额叶中，有在我们说话时十分活跃的布罗卡区，而位于大脑左半球的韦尼克区则负责理解别人所说的话。布罗卡区和韦尼克区携手，在我们的交流中起主要作用。布罗卡区是负责说话、写字并控制嘴部和手部肌肉的区域。简单来说，它是负责输出的大脑区域。韦尼克区是听别人说话时活跃的区域，负责识别语言内容与理解说话对象的意图，也就是负责输入（信息处理）的大脑区域。

　　我们在进行会话时，说话和听话两个过程交替进行。也就是说，负责输出的布罗卡区和负责输入的韦尼克区是相互作用的。这两个区域的相互作用，是我们大脑进行会话处理的关键。

但是，这同时也引出了一个问题。那就是，因为布罗卡区和韦尼克区是相互作用的，所以即便只是其中一个区域被闲置，也会大大削弱我们大脑的会话能力。这意味着，如果我们不能说出来，布罗卡区没有被激活的话，那么大脑前额叶的机能就会越发衰弱，最后导致我们越来越难与别人进行交流。即便我们在一对一交流时很顺畅，但如果在多人交流时不能激活负责说话的布罗卡区，我们也会一步步走向交流障碍的深渊。

就和有些人一说话就停不下来一样，我们一旦沉默下来，再想开口说话也很难。

【新型交流障碍症患者在增加】

虽然我讲了前文那些激活大脑的内容，可能很多人会想："呃……好像还是很难办啊……"那么，我在这里教大家一个提高交流能力的简便方法。

你是不是也有过这样的经历：虽然你只是无意间说了一句"说是这么说，但貌似不是这样哎"，但是对方好像突然变得非常生气，聊天的气氛也一下子变得很尴尬。其实，这类情况也和大脑的构造密切相关。

　　大脑分为新大脑和旧大脑两个部分。新大脑指的是前文介绍的会话中枢——前额叶。前额叶不仅掌管语言能力，还控制我们的理性思考能力，负责进行冷静判断。而与之不同的旧大脑指的是掌管感情和情绪的大脑边缘系统所在的部分。这部分掌管着人本能性的反应，比如当我们被迫做自己讨厌的事时会立即感到厌烦，当我们感受到危险的时候会马上闪躲。

　　如果新大脑占主导地位，那么人就会更加理智，不会情绪外露；反之，如果旧大脑占据了主导地位，人就会变得非常情绪化，难以冷静思考。把这一原理放到会话中，就会出现两种极端：第 1 种是新大脑（前额叶）被激活，人会变得很会说话——懂得察言观色，能给对方的言语以合适的回应；第 2 种则是旧大脑被激活，人要么肆无忌惮、毫无顾虑地乱说话，要么一直闷不作声。

　　激活对方的旧大脑非常容易，我们只需要说一句否定对方的话，或做出一些伤害对方的举动。还是回到最开始提到的那种情况。"说是这么说"这一句无意间说出的话就能打开对方旧大脑的开关，降低新大脑的活跃程度。虽然说者无意，但是这句话其实是对你的说话对象的否定。听到这句话的人会觉得"什么呀，装作很厉害的样子罢了"，然后内心怒气翻涌。这其实是对方进入了被情绪化的旧大脑支配的状态。对方旧大脑的开关一旦被打开，他的作为理性担当者的新大脑的活动就会被抑制，所以在听到你说"说是这么说"这句话的时候，就不会做出"每个人都有自己的想法呀""他只是随口一说，并没有恶意"这类的理性判断。这次对话的最终结果就是你会得罪对方，很容易让对方觉得你这个人"怎么能这样""怎么一身负能量，还不会说话"。

不说话、消极沉默的人会被认为有交流障碍症。很多人虽然说话了，但是不懂得察言观色，不能体察对方的情绪，或者说得太快让人听不懂，也会被认为有交流障碍症。随着人们对说话人的要求越来越高，交流障碍症的门槛也就越来越低了。所以，大家在说话的时候一定要多留意，不要说那些可能会激活对方旧大脑的话。

同样，我们作为说话人也是一样的，如果告诉自己"这个人很讨厌"，我们的旧大脑就会被启动，新大脑的活动也会被抑制。负责输出的新大脑一旦被抑制，那当我们面对处理起来本来就让人很头大的多人交流场景时就更不想说话了。

所以，我们要想在多人交流时不再尴尬，关键在于不能开启对方和自己旧大脑的开关，同时要尽可能地使自己的新大脑——也就是前额叶部分活跃起来。我们在对话时千万不能张嘴就说"不""不对""说是这么说"之类有否定倾向的话。

【为什么一旦错失了时机，就再也插不进话了呢？】

　　既然说否定对方的话会刺激对方的旧大脑，那么我干脆什么都不说，保持沉默，可以吗？答案是不可以。

　　你是否体验过以下这种无奈：大家都在说话的时候，只有自己不知道怎么加入大家，你虽然很想找个话题参与进去，但是束手无策，觉得自己好像再也插不进话了。

　　这样的情况的确让人很难受。但其实那时操纵着你的情绪，让你觉得很难受的也是你的旧大脑，即大脑边缘系统。你沉默的时间越长，你的旧大脑就会觉得越不安，你就会觉得越难受。

　　所谓的沉默，其实就是掌控语言的新大脑（前额叶部分）处于没有得到充分利用的状态，也就是大脑完全没有达到交流时的最好状态。对大脑来说，沉默是一件很恐怖的事情。大脑非常不擅长等待，你沉默得越久、让大脑等待的时间越长，你的旧大脑就会越活跃，而新大脑就会越受抑制，你当然就会觉得越发难以开口。

顺便说一下，与干脆保持沉默比起来，准备要说的状态其实略好一些。如果你一直想着要找个机会加入大家的谈话，大脑就会一直运转，考虑着"加入、加入……"。这在一定程度上也可以算作新大脑和旧大脑协同合作状态的一种。这时你的前额叶多少也是在运转的，所以不能说是不好的状态。拿电脑做比喻的话，这种状态就是让你的大脑处于"待机中"。如果你直接放弃，而不想着要加入大家的谈话，你的前额叶就会彻底停止运转，进入"关机"状态。

用一句话总结一下就是，在多人交流时，你越沉默越尴尬，哪怕你只是时刻准备加入聊天也好，千万不要直接放弃说话的机会。

【 "毒舌"不是会说话 】

虽说有人会觉得只要能说出口，说什么都没问题，但实际上并非如此。

就像上一节里提到的，我们在说有否定倾向的话时会开启对方的旧大脑，有些话也会开启我们自己的旧大脑，这些话就是伤害别人的话。

在我们说别人坏话的时候，自己的旧大脑也会被激活，新大脑的活动也会被抑制，导致我们越来越情绪化，会让人觉得你这个人"只会说别人的坏话"。我们一定要注意这一点。

经常会有心灵指南类图书告诉你"不否定别人，自己才能过得好"，经营指导、恋爱指导类图书也会告诉你要"多说积极的话"。有人可能觉得这是毫无根据的精神论而已，但其实脑科学研究已经证明这样的建议的确有效。

比如，让我们来看看当你说"某某主管真的差，老是把责任推卸给别人"这句话时，你大脑的变化吧。首先，你大脑的前额叶部分作为掌管语言的充满理智的中枢，能够清楚地分辨出你说的这句话的主语是谁。它会理解为"主语是'我'，是'我'在说某某主管有多不好""做错事的人不是'我'，而是'我'的上司"。同时，你在想到上司把责任都推给别人这件事的时候会很烦躁、很生气。其原因在于，控制这种情绪产生的部分是你的大脑边缘系统，也就是旧大脑。而问题在于，大脑边缘系统根本不能分辨出你说的这句话的主语到底是谁，它会自动忽略"某某主管把责任推卸给别人"这句话中"某某主管"这一主语，而只关注"推卸责任"这一使人产生巨大负面情绪的内容。

这样一来，即便你其实是在说别人的事，你的旧大脑也会判断为是在说自己的事。这样一来，虽然这句话只是稍微刺激了你的旧大脑，但是旧大脑会在之后的很长一段时间里一直处于活跃状态。

我将上面的内容总结一下。如果你说了某人的坏话，即使你是在说别人的事，你的大脑也会判断为你在说自己的事，因而产生负面情绪，使旧大脑主宰一切。如果你养成了说别人坏话的习惯，就会使你的旧大脑长期占据主导地位，你会越来越难以和别人进行有效的沟通。所以，说别人的坏话对我们自己是非常不利的。

在和同事或者熟人见面的时候，大家很容易会说别人的坏话。但是你会发现，那样的谈话气氛活跃的时间很短，当把关于别人的坏话说完了，大家就会陷入无话可说、沉默不语的尴尬境地。所以，在聚会上一旦发现大家开始说别人的坏话时，你可以很惊讶地说一句："啊？真的吗？我不知道哎！"虽然从短期来看你终结了你们的话题，但从长远来看，这样做有利于你以后在多人聊天时更好地与人交流。

【与人交流的能力并非天赋】

有一档纪实类综艺节目，经常记录一些与大家庭相关的故事。我曾经看过的一期中那个家庭里有 4 个男孩 4 个女孩一共 8 个孩子，没有一个小孩是不爱说话、不擅长交流的。这件事改变了我对交流能力的看法。

关于交流能力，社会上有一个普遍认识——通常家庭成员很多的家庭培养出来的小孩更擅长与人交流。从实际情况来看也的确如此。

其中一个原因是，如果人们在平日里周围人很多的环境中长大，他们的大脑会对"说话"这件事习以为常。他们理所当然地觉得说话的时候一定有其他人在场，所以在面对别人说话的时候也不会觉得有什么不好意思的。如果你多观察一下自己周围的朋友就会发现，一般来说，独生子女的性格更安静一点，而有兄弟姐妹的人社交能力更强一些。事实上也的确有研究显示，与长子长女相比，第 2 个孩子、第 3 个孩子会更外向，他们更喜欢做一些像跳伞之类的极限运动。这是因为他们一出生就处在多人的家庭环境中，更容易形成爱交际的性格。而与之相反，第 1 个孩子因为是父母第一次养育的小孩，所以父母会更谨慎、更在意，也就容易导致孩子的性格更严谨、更沉稳。我自己的孩子就是这样的：我的大女儿喜欢吹奏乐器，性格更温顺、更沉稳；而二女儿喜欢柔道，性格更外向，更擅长交际。

大家庭中培养出来的小孩交流能力更强的另外一个原因是，这样的孩子从小接触的价值观是多种多样的。一个家庭中成员很多的话，其中的人会接触到各种不同的性格，会了解到各种不一样的思考方式。比如，与男校或者女校的学生相比，男女混合学校的学生似乎更擅长与人交流。如果你是男校的学生，后来考入了男女混合的大学，可能会因为不懂得如何与女孩子相处而迷茫；而当你还处在迷茫期时，那些本来就是男女混合学校的男生们大多已经有了女朋友。同样，很多一直上女校的女生在进入大学之后，也会为不懂恋爱、没有男朋友而苦恼不已。

也就是说，如果平日里你周围的人很多，自己处于一个说话多的环境中，能够和不同类型的人接触，你的大脑前额叶就会得到充分锻炼。这样即便以后遇到多人交流这种复杂的情形，你也能应对自如。

所以你是否擅长交流，不取决于你与生俱来的交流能力，而取决于你处在什么样的成长环境中。

【消除多人交流恐惧心理的秘诀】

交流能力不取决于天赋，而取决于成长的环境。即便这是事实，但能解决实际问题吗？说实话，我认为完全不能。

因为既不是在大家庭里长起来的，亲人和朋友又都是安静老实的人，从小到大完全没有在可以多说话的环境里待过的人也不在少数吧。你给这样的人提建议说希望他"多参加聚会和交流会""积极地和别人搭话"，这是完全不现实的。

但也不是说像这种说话机会少的人就没救了。如果你了解大脑前额叶的作用机制就会知道，即便是没有太多说话机会的人，通过某些特定的方法也能进行补救，从而克服多人交流障碍。

就拿我们自身来说，不论我们现在是多大年龄，只要进行合理的训练都能够锻炼肌肉。大脑也是一样的，不论我们年龄有多大，通过使用一些特定的方法都能生成新的大脑神经回路。只要生成了足够多的大脑神经回路，我们就能解决很多原先解决不了的问题。举个身边的例子，就像我们换新手机一样，刚换手机的时候我们可能会因为不太会用而感到着急，觉得"还不如以前的手机好用呢"，但是用过一段时间以后就会慢慢习惯，并越来越顺手，这时候我们就会开心地觉得"果然还是新手机好用啊"。这就表明，我们的大脑具有通过重复学习、生成新的大脑神经回路从而获得新能力的特点。

这一特点当然也可以应用到会话上。我们在会话时所使用的是主管语言的大脑前额叶部分。在大家庭中长大的孩子因为会话经验丰富，且已经具备了较为完整的有关会话的大脑神经回路，所以说话这件事对他们而言轻而易举。但是，那些会话经验不足的人因为其前额叶还没有习惯说话这一动作，所以经常会出现说不出来或者回答不上来等情况。对于这样的情况，如果能提高他们大脑前额叶的信息处理能力，即便只是暂时性的，也会使大脑整体的信息处理能力得到提升，使他们不再纠结于交流对象太多，从而消除他们在多人交流时的恐惧心理。

心理负担越轻，你就越能说得出口。大家一定迫不及待地想问我，方法到底是什么。先别急，关于方法的问题我会留在第 3 章中详细说明。因为在进入具体方法的学习之前，在学会说话之前，我希望你们能先做好另外一件事。

【快速克服一对一交流障碍】

"其实，虽然你一直在说多人交流的问题，但我对一对一交流都不是很有信心呢……"，肯定有一些人心里是这么想的吧。其实你大可放心，如果你学会了本书中介绍的多人交流方法，你的一对一交流能力肯定也会随之提高。交流障碍的问题归根结底是大脑前额叶活跃度的问题。觉得一对一交流很困难的人，你们其实只是大脑前额叶的活跃程度比那些觉得多人交流很困难的人的更低一些罢了。

你是不是经常发出"和别人说话可真麻烦啊"之类的感叹呢？但就像我在前文中说的那样，这类负面情绪会开启你的旧大脑，那样一来，你的前额叶就会越来越难被激活，最后导致即便你只是与一两个人交流，事情也会变得困难起来。

总结一下就是，与多人交流困难的人相比，一对一交流都困难的人大脑前额叶的活性被压抑得更严重，你们处在更难开口的状态。多人交流对大脑信息处理能力的要求比一对一交流的更高一些，如果你能掌握多人交流的方法，那么一对一交流对你来说就是小菜一碟了。

【为什么大家都愿意和那个人搭话】

实际上，当你鼓足勇气努力想和别人说话，而大脑不习惯时，它就很容易感到疲倦。疲倦状态持续的时间长了，你的旧大脑又会被启动，并产生负面情绪，最后你还是会沉默不语。而你周围的人也会察觉到你在拼命说话，会觉得你是在勉强自己。所以，不要勉强自己去主动说话，而应该创造一个让自己能说话的情境。

你第 1 步要做的是，从别人那里找到一个话头儿，也就是要提高由别人挑起话题的概率，这应该是你在真正发话之前要做的事。只要有一个合适的话头儿，即便是你先发话，又或者是说得多了些，也不会让大家觉得这不自然。如果是由别人来挑起话头儿，你就会说得更自然一些。

这时你也许会问："让别人来挑起话头儿，主动和我搭话，这可能吗？"不用担心，只要你能够好好利用大脑前额叶的功能，不说绝对能让别人比你先开口，至少能创造出一个让你想说话的环境。

在说话之前，首先创造一个利于自己说话的环境——这是克服多人交流障碍的第 1 步。下一章我们就一起来看看怎么才能学会这一神奇的技能。

　　我们总想着克服多人交流障碍，但是如果在别人说话时夸张地点头附和或做出激烈的反应就太不自然了，反而会给人留下你不会交流的坏印象。在下一章中我将教给大家一些小秘诀，让它们帮助你快乐地融入大家的对话。

？

【小知识 1：人类的大脑和猴子的大脑有何不同？】

　　人类大脑和猴子大脑的相似度达到了 99.7%，它们在构造上、外形上都相差不大。跟人类相比，猴子的头部要小一些，所以猴子的大脑也相应地更小一点。但是，猴子大脑和人类大脑最根本的区别还是在新大脑，也就是前额叶这一部分。

　　猴子本来就没有声带，虽说它们可以发出声音，但是不能将之转化成语言。很多学者认为，因为负责会话的语言中枢——前额叶对猴子来说是没有用的，所以猴子大脑的这一部分也就没有很发达。前额叶部分占了整个人类大脑的 29%，但是这一部分在猴子大脑中只占 11.5%，而狗的前额叶只占其整个大脑的 7%，猫的仅占 3.5%。可以说在所有动物中，人类拥有最发达的前额叶。

　　这些数据也可以证明，大脑中前额叶的比重越大的动物，其感情、情绪等动物本能就会被压抑得越厉害，越能采取理性的行动。

第 2 章

为什么大家都愿意和那个人搭话

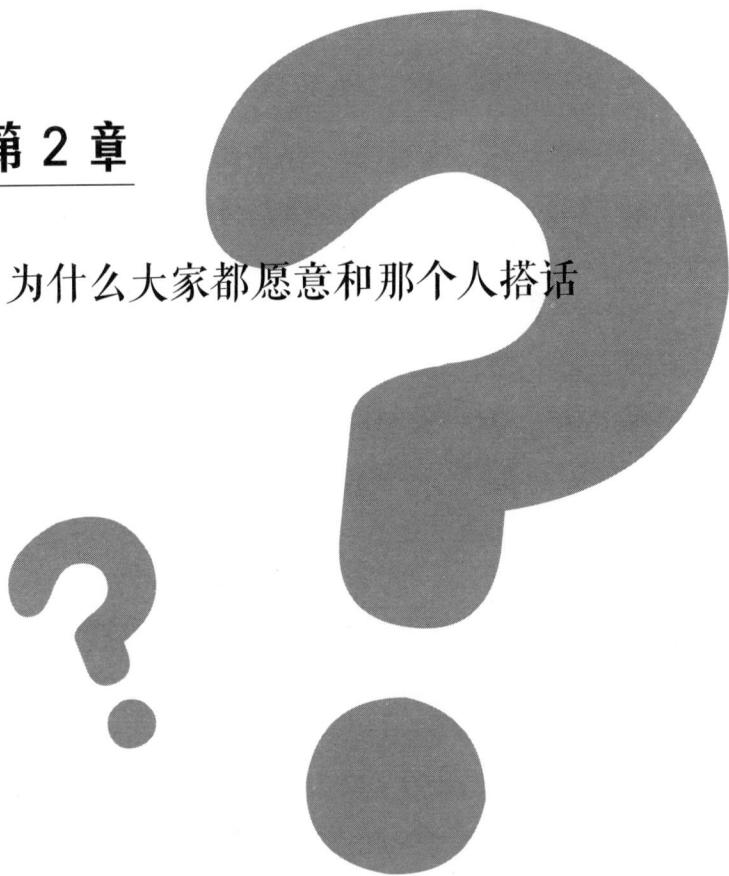

【 经常被搭话的人特有的三大优点 】

　　我认为，在进行多人交流时，没有比被搭话更让人开心的了。如果你是被搭话的那一方，会有以下几点好处：首先，不会有人觉得你全程没说话；其次，从别人那里得到一个说话的契机，你会说得更顺畅；最后，因为不是你先发话的，对答会显得你更游刃有余。

　　肯定有很多人是这样想的："如果在交流时更多的是由别人来和我搭话的话，那我就会更轻松一些。"确实，与自己拼命努力地和别人说话比起来，借助他人的力量、让别人先和自己说话肯定更轻松、更省力。如果是别人来负责抛出话题，那么即便你没有主动提出话题，也能获得发言的机会，大家就不会觉得你全程沉默了。所以，能被搭话的人的确很幸运。

　　当然，总是被搭话也不太现实，但是如果能稍稍提高一下被搭话的概率也好，这样会有利于你甩掉"总是不说话"的标签。别人和你搭话的次数多了，即便你只是回答一些只言片语，一场谈话下来，你会觉得"哎？怎么好像什么都没说一样就结束了"，但其实你已经自然融洽地参与过大家的对话了。

【爱出风头者人人厌恶】

在进入具体方法的学习之前，我还想从心理学的角度来和大家分析一下，在 4 个人谈话时会有些什么样的人。

我在前文中说过，我们的目标是做 4 个人说话时"说话第 2 多"的那个人。那么"说话最多""说话第 3 多"和"说话最少"的都是些什么样的人呢？我在这里以之前做过的群访为例，和大家一起探讨一下。

首先是说话最多的人。这类人大多数说话声音较大，语速较快，全程都在喋喋不休地说。他们沉浸在自己说话的火热氛围中，很少倾听和理解对方说的话。因为这类人很少关心周围人的反应，只顾着自己说话，所以在采访时我不得不经常说"我知道了，那么……"这类的话来打断他们，不然采访很难顺利进行下去。有些特别爱说的人，甚至在采访结束之后还一直说个不停。而他周围的人也多是苦笑或勉强陪笑，感觉大家都怀着不愿意和这个人深入打交道的心情。

然后是说话第 3 多的人和说话最少的人。一般来说，如果只采访一次的话，大家对这两类人的印象都不会很差，但也没有像说话第 2 多的人那样给人留下那么好的印象。说白了，就是不好不坏、平平淡淡，没什么存在感。

那么，说话第 3 多的人和说话最少的人又有什么区别呢？说话第 3 多的人经常会被说话最多的人或者说话声音大的人牵着走，让人感觉他们内心对这类人有种崇拜感。说话第 3 多的这类人，虽然他们很多人的表达能力不够强，但他们是有较强说话欲望的人，他们内心其实很想说，很想让大家认可自己，但是碍于表达能力和技巧有限，所以会对能够滔滔不绝地说话的人产生崇拜感。这类人在说话最多的那个人发言时会点头附和或表示赞同，所以才能成为说话第 3 多的人。这么说好像不太礼貌，但说话第 3 多的人的确是如同说话最多的人的附庸者一般的存在。其实，他们不一定发自内心地赞同说话最多的人说的话，相反，他们可能一直讨厌那些擅自主动发言的人。随着采访的进行，说话第 3 多的人的脸上仿佛写满"好想赶快回家""这人怎么那么多话呀"这类的话，表情僵硬又不耐烦。

说话最少的人的存在感是最弱的。虽然他们参加了采访，但是有时我会忘记这个人到底说没说话、说了什么，经常需要听录音回放来确认我的记忆是否出现了偏差。不论是谁表达意见，他们的回应都是"嗯嗯"，表示同意。

和说话第 3 多的人不一样，他们并不在意谁说话最多，只是单纯地通过表示赞同来逃避需要自己表达意见的场合。像这样，自己内心不同意，只是单纯附和的做法会给大脑带来很大的压力。到了采访的后半段，这类大脑承受着很大压力的人精力也基本耗光了，所以开始沉默不语。

这样一分析的话，我们可以看出，除了说话第 2 多的那类人，其余 3 类人的处境都暗藏危机。所以，我们的目标是，争做多人交流时游刃有余的说话第 2 多的人。

【 为什么找工作的人都想做二把手？ 】

继续前文所说的"争做说话第 2 多的人"这一话题，好像很多人都对做第二最好这一观点有同感。

很明显的一个例子就是我们在面试时的表现。我之前做过很多次面试官，当我问来面试的毕业生"你们在学校都做过什么"的时候，大部分人都回答说做过足球队的副队长，或者某某社团的副部长之类的。不是队长、部长，而特意强调是副队长、副部长。这类人虽然不想做队长、部长，但是也不想被放到和其他普通成员一个水平线上。做二把手虽然也不轻松，但是与一把手比起来肩上的责任要轻很多。

　　还有在开研讨会时，在"坐哪儿"这个问题上很多人也有类似的倾向。我站在讲台上向下看时，看到与会者坐的位置呈现出一个"W"形。大家不是从最后几排，而是从中间或者中间偏后的位置开始坐，没有人会坐在最前面最中间的位置上。确实，坐在那个位置的人太显眼，因为他和老师的距离很近，彼此的目光随时会对上，那样就会让人觉得很紧张，不能只是轻松地听一听老师讲课了。所以，大家都努力避开那个最前面最中间的位置。

　　不想做最引人瞩目的那一个，但也不愿意被忽视。日本的国民性情就是如此。他们不愿意走极端，追求刚刚好。大家心里面对二把手抱有特别的好感，喜欢这个"不那么出风头"的位置。

　　也就是说，二把手是大家公认的最吃香的位置。具体到多人交流时，能坐上这个最舒服的位置的方法就是"被别人搭话"。"我知道做那个说话第 2 多的人是最好的，最受大家喜欢，但是要真正做到还是很难的"，我仿佛已经听到了大家的心声。接下来，我将给大家介绍一下具体该怎么做。

【坐在那里大家就想跟你搭话的 "神秘位置"?!】

　　我在这里主要想强调的是"被搭话"这个行为,其动作的主体是对方。所以,最关键的是我们要了解对方的大脑是如何运转的,利用其特点让对方做出反应,最终达到我们想要的让对方和自己搭话的目的。另外,我们在考虑怎么让对方主动和自己搭话的同时,也要注意避开那些让对方不愿意和自己搭话的雷区。意识到这两点之后,让我们继续往下看。

　　有一个很简单的方法,就是坐在一个让人容易和你搭话的位置上。

　　在4个人或者4个人以上的聚会中,有一个位置很神奇,你就算坐在那里不动,大家也会想找你说话哦!

【大家更想和位于自己哪边的人说话呢？左边还是右边？】

一般来说，大家更愿意和坐在自己左前方的人说话。所以，我教给你的第一个方法就是，坐在说话最多的那个人视线左前方的位置上。那样的话，就会不断有人找你说话。

我以前做过一个实地调查，调查人们在超市里购物时视线是怎么移动的。采用的方法是让人们戴上能够记录视线移动轨迹的视线追踪仪进行购物。最后，我得到了一个很有趣的结论，那就是人们的视线总是从左向右移动。比如，客人如果先看到的是小火锅煮料 A 商品，接下来就一定会再看一下 A 商品右边的 B 商品。

根据这一视线的移动轨迹我得出一个假设：大脑习惯于从左向右获取信息。所以我在想，如果把想推广的商品摆在最受欢迎的招牌商品右边的话，这个被推广的商品可能就会更容易被顾客发现，其销售额就会增加。然后我马上行动，按照我的假设改变了商品的陈列方式。

我把需要推广的法国早餐饼干放到了招牌商品的右边。最初法国早餐饼干是被放在健康食品角那里售卖的，但是完全卖不动，因为日本人不习惯早上吃饼干。多数人根本没把早餐饼干放到考虑的范围内，即使能买到这种商品，他们也会对其视而不见。该商品本身是很好的，用于制作饼干的小麦胚芽营养丰富，而且饼干拿出来就能吃，食用方便。我相信，如果这个产品能被推广出去的话，将会大受欢迎。

我遵照"从左向右"的视线移动法则，把早餐饼干摆在了面包区最热销的某类面包的右边。之后，早餐饼干的销售额竟然增长了6倍！此外，根据这一法则我把芝士摆在啤酒的右边，并将其应用到生鲜区的产品展示上，也都收获了同样惊人的效果。由此我确信，视线由左向右移动就是大脑获取信息的顺序，而且这一法则与看的人是左撇子还是右撇子无关。

之后，我又在课堂展示材料时测试了这一法则。我把"比起文字，人们更喜欢看图片"和"视线先集中在左边"这两个特点相结合，把简单易懂的照片和插图放到了展示区域的左边，在右边附上了简短的说明性文字（然后对学习结果进行测试），发现原先只有不足30%的正确率现在竟然超过了90%。

像这样，我在很多场景中验证"大脑更倾向于从左边开始获取信息"这一假设，都取得了良好的效果。

同样，当我在群访中安排说话最少的人坐在说话最多的人的左前方时，发现说话最多的那个人总是积极地找说话最少的那个人搭话。结果是，很多曾经最不爱说话的人成了正常访谈中说话次数第 2 多的人。

现在你明白是为什么了吧。如果你坐在说话最多的人的左前方，他就会征求你的意见，或者朝着你说话，不断地朝你抛出"话头儿"，这样大家的话题就会朝着你的方向"流动"，你说话的机会也就自然而然地变多了。

请大家务必好好珍惜这个只要坐在那儿就能产生神奇效果的宝座。

【一定不要坐的位置】

当然，我们未必每次都能"碰巧"坐在说话最多的人的左前方。但有一些位置你一定要避开。接下来，我就给大家讲讲一定不能坐的位置，同时，我们一起来看一下谈话时我们所坐的各个位置分别具有什么样的特点。

首先，一定要避开的位置是说话最多的人的正侧面。

这个位置虽然看起来和说话最多的人距离很近，似乎是个很好的位置，但实际上如果你坐在那里，说话最多的人基本上看不到你，所以被搭话的概率也就大大降低了。如果一定要坐在说话最多的人的正侧面，坐在左边也比右边要好，因为这时你移动一下身体，还是有机会进入你的"救星"视线的左前方的。接下来，我在第 4 章中会提到距离感的问题，如果要考虑距离感的话，大家最好还是尽可能避开这个位置吧。坐在和对方成对角线的位置上会让人感觉更舒服，给人留下的印象更好。据说联谊的时候坐在对角线上的男女更容易彼此看对眼儿哦，大家有机会的话就试试吧。

如果你很不巧地坐在了说话最多的那个人的正右侧，那么最好的办法就是试着多去和坐在你右后方或者对角线上的人说话。这样，说话最多的那个人可能会被你这边说话的氛围感染，也忍不住要和你搭话，以此减弱你所坐的位置带来的消极影响。

【利用格式塔法则自然地提高你的被关注度】

即便能占据说话最多的人的左前方这个风水宝地，你也不能高枕无忧。因为当聚会进行到一半的时候，别人就已经习以为常了，不会对你留下什么特别的印象。另外，在聚会的过程中换座位的情况也时有发生，那你又该怎么办呢？

别担心，我再教你一个方法。即使你不说话，也能瞬间提高你的被关注度，让大家愿意找你搭话。这一方法在心理学上被称为"格式塔法则"。

请大家看右面这幅被称为格式塔残缺圆的图。当你看到完整的圆形 A 和残缺一部分的圆形 B 这两幅图时，你会被哪幅图吸引呢？我相信大部分人都会回答图 B。因为在看到图 B 时，很多人心里会想："为什么它缺了一块呢？能不能把这块儿给补上？"之所以会产生这种心理活动，是因为我们人类会无意识地追求完整性，会试图把已经敞开的图像进行封闭处理（苹果公司在商标"被咬了一口的苹果"的设计上，就利用了人们的这一心理）。

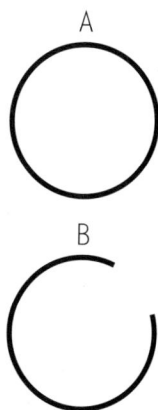

同样，把这一心理现象应用到多人交流中去，能很快产生让别人关注到你、和你搭话的效果。我们所采用的办法是稍稍离席一会儿。你一旦离席，位置就会空出来，剩下的人就会对这个空位置十分在意，这种心理上的在意会刺激对方大脑的前额叶，在你回来之后，大家受想要填补空缺这种心理的驱使，就会很想和你搭话。这一方法在群访中收到了很好的反馈效果：让不怎么受关注的说话最少的那个人离席一会儿再回来，大家的话题很容易就转向了这个人。

但是，在聚会刚开始的时候就离席的话效果不怎么样，所以最早也只能在聚会进行了 20 分钟（尽量在聚会进行了一半左右）的时候再使用这个办法比较好。这个方法用一两次就可以了，别太频繁。在会议上我们的问题差不多都被解决了的时候或者聚会上大家没什么话题可聊了的时候，你可以选择离开一下，哪怕只是去洗手间待一会儿再回去，都会起到很好的缓和气氛的效果。

【不愿意和你搭话是因为服装的颜色?! 】

前文我们讨论了怎样才能让别人主动找你搭话，同时我也提到坐在说话最多的人的正右侧是很不利的，很难让他产生和你搭话的想法。接下来，我们再来说一说怎样避开让别人不想和你搭话的雷区这一问题。

　　我们都知道，如果你摆着一张臭脸，或者一副不耐烦的样子，别人是肯定不想和你说话的。那么会不会有一些你并没有注意到的细节，不小心触碰到了对方的雷区呢？

　　是的，你可能会觉得有些意外，但你的服装非常关键。这里的服装不是指你穿了什么，而是指你衣服的颜色。举个例子，你想想动画片《哆啦A梦》里那个言辞激烈、老是想争第一、非常令人反感的胖虎。我觉得他的衣服颜色——橙色毛衣和茶色裤子——就体现了他的个人特点。而橙色和茶色这一组合本身就有很大的问题，我曾经就因为这个颜色组合受过打击。在我管理的超市里曾经有种香肠怎么卖也卖不动，即便是在售卖场地上下了很大功夫后还是销量不佳，甚至在问卷调查中有顾客直言这种香肠"很不好"。为了该香肠厂家的名誉我先澄清一点，该顾客对这种香肠评价不高绝不是因为它不好吃。但遗憾的是，这种香肠最后还是因为卖得不好渐渐退出了市场。这一牌子的香肠的包装设计所选的配色就是橙色和茶色——和胖虎的衣服颜色一样。

　　在分析了很多消费者的行为之后，我得出了这样一个结论：大脑觉得橙色和茶色这一配色很廉价，前额叶很难受到这种配色的刺激，所以最好不要把这一配色放到商品的包装上。通过这件事，我深深感受到了大脑的判断有多容易受到视觉效果的影响。

我们把这一结论应用到会话中又会怎么样呢？如果你穿的衣服的颜色使你看起来廉价的话，大家就不会重视你的发言，在大家眼中你的存在感趋近于零，就更别提会有人想跟你搭话了。所以，无论是在聚会上还是在课堂展示上，又或者在开会的时候，你都最好不要穿橙色和茶色搭配的衣服。橙色衣服本身没什么问题，但配上茶色就糟糕了。

【让别人想和你搭话的衣服颜色和想听你说话的衣服颜色】

那么，我们在开会、联谊、同学会等场合应该穿什么颜色的衣服呢？是庄重的黑色、干净的蓝色，还是亲切的绿色呢？不不不，如果你想吸引别人的注意力的话，当然是穿红色的衣服最好。

我在参加一个研讨课比赛的时候，就亲身验证了红色的绝佳效果。当我穿着大红色的夹克登上讲台的时候，气氛瞬间变了，大家的目光齐刷刷地向我投过来。在之后的调查问卷中，我还收到了"对大红色夹克印象深刻"这样令我很开心的评价。最后，我获得了那场比赛的冠军。

红色是能给对方极强视觉冲击的颜色。广岛东洋鲤鱼队（日本职业棒球中央联盟的球队之一）和浦和红钻队（一家位于日本关东埼玉县埼玉市浦和区的职业足球俱乐部）等队伍都把自己队服的颜色定为红色，因为红色会给人一种"这个队伍很强"的感觉。据统计，在奥运会拳击比赛中，红方选手的胜率比蓝方选手的胜率高出 10% ～ 20%。

所以，穿红色衣服的人的存在感会特别强，别人在聊天时可能就会不自觉地注意到你。

话虽如此，你肯定也不好意思穿全红的 T 恤或者衬衫出门吧。所以，我建议你可以在身上的一个重点部位点缀上红色，那样在聚会上你也不会给人很强的压迫感，同时还能起到吸人眼球的效果。你可以戴红色的领带、腕带或表带为红色的手表，因为人们的视线很容易集中在别人的头部或腕部，所以在这些部位点缀红色更引人注目。

除此之外，另一个能让人注意到你的颜色就是鲜亮的蓝色。蓝色可以让人安心、冷静，另外还有调查显示，蓝色能够促进人体分泌一种能让旧大脑冷静下来的神经传递物质——血清素。当你要在很多人面前演讲时，或者参加一个比较正式的聚餐时，我建议你戴蓝色的领带、腕带或表带为蓝色的手表。

衣服颜色的影响力真的很大。下次你在早上选衣服或领带时，请务必仔细考虑一下你要去什么场合。

【让别人主动邀请你吃饭的 28℃作战法】

既然说到了让别人主动跟你搭话，有人就想问："我希望别人能够主动邀请我一起吃饭，但是自己又不好意思开口，怎么办呢？"别着急，让我来教你一个能让别人主动邀请你一起吃饭的小妙招。

我们人类的欲求和天气、气温等气象条件有密切联系。比如在酷暑天想去便利店买冰淇淋吃，而大冷天就想吃肉包子等热乎的东西。特别是在一个四季分明的国家，日本有些地方一年中最冷的时候和最热的时候温差能达到40℃，气候变化剧烈。这就导致卖东西的人很难对过几天什么商品更好卖做出准确预测。日本商家把这一气候特点运用到了商品的销售上，结合对气候、商品销量等进行的统计学分析，他们采取了一种根据气候变化销售商品的策略。所以，很多日本人一看商店开始卖什么东西，很自然地就知道现在的气温大概是多少了。

　　店家正是根据这一销售策略，来制作或摆放未来一段时间内可能会好卖的商品的。例如：15℃的时候，卖小火锅料理；23℃的时候，卖冰淇淋；25℃时，卖麦茶；28℃时，卖啤酒；30℃时，卖刨冰。其中需要特别注意的是啤酒。气温一旦超过 28℃，啤酒的销量就会激增，28℃是啤酒卖得好和卖得不好的重要分界线。一旦气温高于 28℃，大家就想买啤酒喝。所以，如果气温高于 28℃，工作结束后别人邀请你一起去喝一杯的概率会大大增加。

　　因此，夏天你要留意办公室内空调设定的温度！如果你希望哪天能有同事邀请你下班后一起去喝一杯，还是别把空调温度调到 28℃以下为好（当然，如果不想去喝酒的话，你就把温度调到 28℃以下吧），因为在日本 28℃是最适合去喝酒的温度。下次你也可以试着在 28℃时邀请你的同事或者心仪的异性哦。

　　对了，气温达到 28℃以上的话，无袖背心和连衣裙的销量也会开始增长。所以，当你在夏天看到已经穿上了背心或者连衣裙的人时，你就可以用"你知道吗，一旦气温超过 28℃，人就会想……"这句话抛出一个话题，跟朋友聊一聊。

【第一句话最关键】

对于那些与多人交流有困难的人来说，被别人搭话这件事非常重要，因为它能够决定在当时的场景下你给别人的感觉是会说话还是不会说话。还有一个原因是，如果被别人搭话，就能给你一个开口的好机会，帮助你顺利地说出第一句话。

你觉得在会话中，什么时候最难开口？是大家都沉默的时候？还是气氛紧张的时候？又或者是大家说得热火朝天别人根本插不进话的时候？答案因人而异，但是脑科学研究给出的答案是：说第一句话的时候。因为在还没开始说话的时候，你大脑的前额叶是处于"萎缩"状态的，在你说出第一句话之后，大脑才会感到紧张，前额叶才开始活跃。所以，能不能自然地说出你的第一句话，决定了你能否克服交流障碍。

越是不擅长说话的人，越难跨出这第一步。"说什么好呢？""该怎么说呢？"，你在脑子里想来想去，结果旧大脑愈发活跃，你就更难把话说出口了，从而陷入恶性循环中。你好不容易好像有想说的东西了，但是很快只剩自己没说话了的焦虑情绪又涌上心头，以至于你根本想不出该说什么好了。"由别人来跟你搭话"这一策略就会避免出现这种情况，给你踏出第一步的机会。所以，你还是在说第一句话之前就做足准备为好。只要你勇敢地踏出了第一步，后面就好说了。

血清素在人们开口说话前就已经开始起作用了，人体分泌出来的血清素是激活前额叶的关键物质。同时，血清素又被称为"幸福的物质"，因为它可以提高人的思考能力和注意力，促进大脑的运转。晒太阳可以促进血清素的分泌（但不是说阴天的时候就不分泌了），我们在吃完饭后或去开会之前可以散步 5 分钟或晒晒太阳。

那么，问题又来了。在话题被引到你这边的时候，你要怎么接住呢？在接住话题之后，你又应该怎么应对，并向别人抛出话题呢？在这一问题上表现不好的话，你们之间的交流也就无法顺利进行了，你还是无法摆脱"不会说话的人"这个可恶的标签。所以，在向你抛来话题时，你应该马上考虑"接下来我该怎么说"这个问题。你首先要做的是，立即把大脑调成"发言"模式。

第 3 章

让自己时刻处于待发言状态

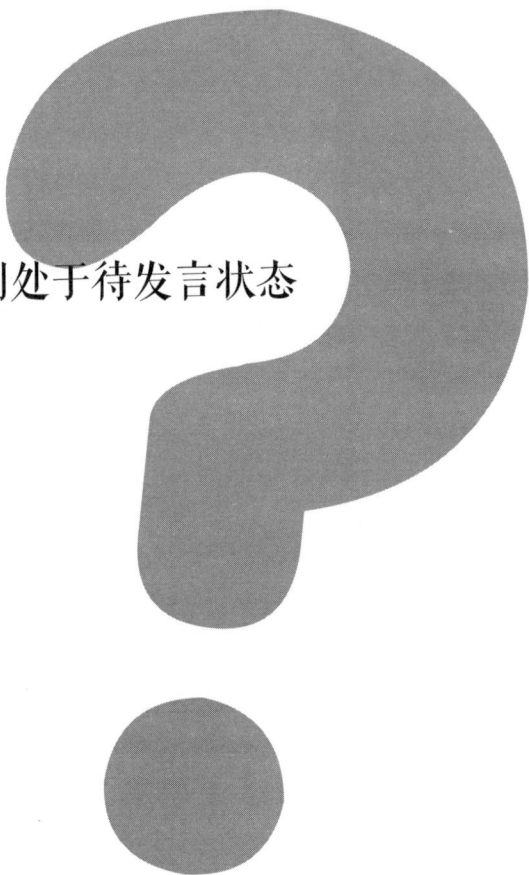

【说话前的准备工作决定了你能否把话说出口】

话题突然转到我这里了!

果然! 说话最多的那个人来找我搭话了!

那么, 接下来该我出场啦!

……

但是, 你还是没有说话。

话题几经周转传到你这里, 你却没有任何回应, 于是话题又悄悄地从你身边溜走了。等你回过神来的时候已经晚了, 你又变成了一个局外人, 依然还是说不出话。为了捍卫你小小的自尊心, 不让大家觉得你无事可做, 于是你再次把手伸向了口袋里的手机……

的确, 无论别人怎么和你搭话, 如果你不能抓住机会, 他们也是白费力气, 结果是大家依然会觉得你有交流障碍。

就像踢足球一样, 无论你占据了多么好的位置, 接不住球、传不出去的话, 队友以后再也不会把球传给你了。所以, 足球运动员必须苦练接球的技术。我们在多人交流时也是一样的，必须学会怎么接话，以及怎么把话传给下一个人。我们必须让自己的大脑时刻处于要说话的待机状态。

在这一章中，我们就要学习怎样接话，以及怎样把话题再传给别人。为了做到这两点，同时为了给对方留下好印象，我们首先要提高自己的接话水平。

【利用科学方法，做好开口说话的准备】

我在前文中提到，在群访之前我会先让大家做一些准备工作，为的是提高被采访者大脑前额叶的活跃度，使大家的大脑进入"待发言"的状态，让大家在面对提问的时候能够快速做出回应。

我在实际采访中应用这一方法后，发现那些平时不爱发言的人也主动开口了，即使我不刻意推动，谈话也能顺利进行下去。甚至有时候群访都结束一小时了，大家还在兴致勃勃地谈天说地，根本停不下来。

所以，越是那些有多人交流障碍的人，越应该在开始说话之前让自己大脑的前额叶活跃起来，把大脑调整到最好的状态，迎接即将到来的"挑战"。大家在这里要做的就是，启动大脑的前额叶。就像足球运动员在比赛前会进行一些接球—传球的准备活动一样，就像人们在跑步前要做做伸展运动一样，请大家试着在说话前给自己的前额叶也做做准备活动吧。

【大脑供血充足，说话也会变流利】

那么，说话前的准备活动具体指什么呢？简单来说，就是让大脑前额叶中的血液充分流动起来。只有血液中的营养被充分输送到前额叶中，前额叶才会活跃起来，人们才能顺利展开思考、组织语言。

顺便说一下，如果我们患上了阿尔茨海默病，我们的脑部会萎缩，脑血管也会随之收缩。脑部供血不足会导致患者认知能力低下。患者会一遍遍地重复自己的话，产生交流障碍。由此可见，血液能否输送到大脑是非常关键的。那么，怎样才能让血液充分流到前额叶呢？这就需要我们活动一下和大脑密切相关的某个身体部位。

"不行不行，马上就要进行展示了，我的资料还没看完，根本没时间做大脑的准备活动！""联谊时期待着能见到什么人，做大脑的准备活动什么的，早忘得一干二净了！"

没关系，这个准备活动不需要很久，我们在说话之前只需要花 3 分钟时间给前额叶一个刺激，3 分钟就足够了。最短的话甚至只要 1 秒！其效果却能持续 1 小时之久。很简单，谁都做得来。使大脑前额叶活跃的方法有很多，我们可以全部做一遍。如果时间有限也可以只挑其中几个做，甚至只做其中一个也很有用。只需简单尝试一下，你就知道效果有多好了。

【做大脑准备活动时脑子里要想着这件事】

启动大脑的准备活动比你想象的要简单得多，但是为了发挥更好的效果，你需要注意一件事。那就是在做大脑准备活动时，你要在脑子里一直想着"我现在是在刺激我的大脑"这件事。想与不想这件事区别很大吗？当然。有科学研究证明，若是你边想着刺激大脑边做准备活动，能让大脑的血流量进一步增加。

就像你在健身房健身的时候，教练会告诉你："你在运动的时候脑子里要意识到肌肉的存在，要一直想着这件事。"这是因为，边想着肌肉边做运动，更能起到锻炼肌肉的效果。如果你在脑子里想着"我在使用我的肌肉"，就能让血液更集中地涌流到你所锻炼的身体部位。

你可能还听说过安慰药效果，它说的是你告诉别人某种假的药片是感冒药，令其服用，结果真的治好了对方的感冒。这一切都是心理作用。

我们在进行大脑准备活动时也是一样的，在启动前额叶的时候，脑子里要想着"我在使用前额叶""我是为了提高自己的交流能力在做这些训练"，这样能够起到更好的效果。

【打破沉默的 3 件事】

为了让大家更有信心，我说 3 个有关我自己的真实经历。这些经历都和开口说话有关。

第 1 件事源于我的群访体验。群访中由于大家都互不相识，作为话题推动者的我如果不先开口的话，群访最开始的 5 分钟大家基本上都处于沉默状态。比如我问"你觉得这件商品有什么优点呢？"，接受采访的人基本都是说"嗯，这个嘛……"，然后就说不下去了。但是，当大家在接受采访之前做了大脑准备活动后，采访的氛围为之一变。那些总低着头沉默不语的人开始抬起头，流利地表达自己的观点，简直像被施了魔法一样！就算没有人引导，他们也会主动进行自我介绍，说明自己叫什么、住在哪儿、做什么工作、为什么接受采访、平时什么时候去购物等。当然，采访中大家也开始积极地表达自己的看法。与不做大脑准备活动相比，群访中人们的平均发言总量增加到了原来的 10 倍左右。

第 2 件事是我和我女儿的事。我就是从我女儿的康复训练中发现了大脑前额叶的训练方法。我在前文中说过，我女儿因遭遇了事故而大脑受伤的事情，但我没有提我女儿在上小学之前基本不会说话这件事。当时，我会让她在想说话之前做一些大脑前额叶的训练。渐渐地，不能说话的她开始试着说一些像"早上好""好吃"之类的词，后来慢慢地能够开口说话了。她在上小学的时候已经能够比较自然地表达自己的想法。我觉得这是从无到有的巨大变化，堪称奇迹。

第 3 件事是我母亲的事。我的母亲患了脑部疾病，也不能说话了，但是通过进行刺激前额叶的大脑训练，她竟然也慢慢地恢复了。大概只进行了 1 周的训练，她说话时便与患病前几乎无异。

以上这些都是我自己的亲身经历，它们让我更加确信，通过有效激活大脑的前额叶可以让人把话说得更好这件事。

　　你一定很想知道到底是什么训练方法这么有效。别着急，我马上告诉你，这些训练方法可以在你聚会之前或者感觉说不出来的时候用来开启你的"会话大脑"。

【活动一下身体会让你说得更起劲】

　　活动身体的某一部位可以让大脑前额叶变活跃，这一部位就是我们的手。你可能会很疑惑：训练大脑为什么要活动手？其实，手和脑二者联系密切。在第 1 章结尾部分的小知识中，我提到人类是所有动物中大脑前额叶最发达的。那么，前额叶发达的人类和前额叶不那么发达的其他动物，在身体构造上最大的区别又是什么呢？那就是能不能用手来做一些精细的劳动。

　　人类有一个很大的特点是能使用工具。当然，猴子也有前额叶，也能使用树枝摘果子吃，但还是我们人类做得更好。很多动物之所以不能做那么精细的劳动，是因为它们没有"手"或者"手指"。所以，手和手指的活动和大脑的前额叶关系密切，我们可以通过活动手来刺激前额叶。

　　你若观察过那些很会说话的人就会发现，他们在说得起劲的时候，肢体动作的幅度也会越来越大。"说得起劲——活动手——说得更起劲"，这样说话者就进入了一个加速模式。脑科学研究显示，我们手部的动作和发言量之间的确存在科学联系。

【找到了！启动大脑的穴位在手掌】

首先，我跟大家说一个简单方便的锻炼方法，在开会或者聚会时，或者任何你觉得"糟了！说不出来了"时，都可以在桌子底下偷偷做一下这个小练习。动作很简单：握紧双手，张开双手，二者不断重复。我们的手掌上有很多穴位，重复这个动作可以瞬间增加我们脑部的血流量，突然握紧双手，我们会感觉身体好像瞬间变热了。通过不断握紧/张开双手，我们脑部的血液流动会加快。

我们在做这个动作时可以稍稍用力，节奏稍快一点，保持2次/秒左右的频率就可以。做得太快我们会感到费劲，做得太慢、动作太轻柔起不到刺激穴位的效果。其重点是用指甲按压掌心，刺激手掌上的穴位（注意别伤到自己）。坚持30秒左右，手掌可能会出汗，这说明血液流动更顺畅了。但也别勉强自己，累了就可以停下来。因为大脑对疲倦也很敏感，如果练习活动做得很累，反而会刺激到掌管情绪的旧大脑部分。就像我在序章中提到大脑在面对多种果酱的选择时罢工了一样，你让大脑有疲倦感的话，大脑也会选择反抗，这样你想要说话就变得更困难了。所以不用那么拼命，当作小游戏一样轻松愉快地去做就好啦。

做法：

① 握紧双手，做出"石头剪刀布"中"石头"的手势。稍稍用力，让指甲能够按压到掌心。

② 尽可能地伸展五指，张开手掌。

③ 重复步骤①和步骤②，频率保持在 2 次 / 秒左右，持续 30 秒到 1 分钟即可。

【要想会说话，那就转手指】

接下来，我再教大家一个刺激前额叶的小动作——手指转圈。

东京大学医学部栗田昌裕先生的研究证明，转手指这个动作可以直接对我们大脑的前额叶产生影响：人的阅读速度可以提高 10 倍以上，计算速度也会有所提高，甚至记忆力也明显增强。

具体动作就是：首先两手五指相对，比出一个圆形；然后从大拇指开始按顺序转动手指。转动无名指可能有点难，刚开始做不来的人有很多，甚至有人会觉得做这么难的动作会给大脑施加压力。但其实只要稍加练习，你就能越做越顺。这个从不能到能的练习过程，本身也锻炼了我们的前额叶。

【转转手指，激发你的大脑！】

① 两手指尖相触，比出一个圆形。

↓

② 保持其余手指不动，两个大拇指分离，在互不接触的前提下，向前相互绕圈10次。

↓

③ 改变方向，向后绕圈10次。

↓

④ 换其他手指，依次让两手食指、中指、无名指和小拇指相互绕圈。

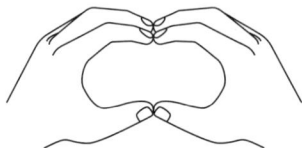

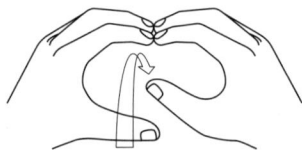

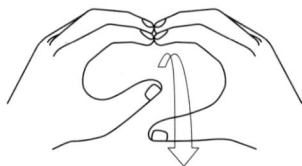

因为掌管语言的前额叶的布罗卡区也同时掌管手部肌肉的活动，所以活动手指可以刺激会话中枢！

上面这个动作有点不适合在聚会期间做，你可以在聚会前或者离席的间隙挑战一下！

我曾让接受采访的人做过这个练习，收到了很好的效果，采访结束后大家还不愿意停止发言。

【科学锻炼足部，解决交流障碍】

下面我要推荐的刺激前额叶的方法是抖腿。

肯定有人会说："抖腿很不雅观，大家都提醒我别这样做啊！"其实做这个动作对身体很有好处，能够锻炼我们前额叶的机能，所以可能叫它"健康抖"更合适。

为什么抖腿能刺激前额叶呢？我先简单介绍一下其原理。我们在抖腿的时候，大腿上的股四头肌会动，沿着该肌肉分布的动脉也会收缩，像心脏一样，把血液输送到全身各处。这样大脑中血液的流动速度就加快了。

另外，脚也是促进全身血液流动的关键部位。我们都知道，心脏的跳动能把血液送往全身各处，但是由于重力作用，血液更容易滞留在足部。所以，脚动起来的话，可以把滞留在此处的血液再次输送出去，促进血液循环。

美国密苏里大学的杰姆·帕迪兰副教授的研究也证明

了这一事实，他的研究显示，抖腿会让足部的血流量增加。而且抖腿 5 分钟的话，人的体温能升高 2℃以上，从这里也能看出抖腿对人体血液循环的促进作用。甚至有研究显示，经常抖腿的人比不抖腿的人死亡率低 4%。

如果你实在觉得抖腿不雅观，我推荐你做转脚腕这个动作。转脚腕时小腿肚也会随着动，而小腿肚又被称为第二心脏。和大腿一样，小腿肚的运动也有助于全身血液的循环。顺时针逆时针交替进行，分别向左、右两个方向转动脚腕各 10 次，这可以提高小腿肚"泵头"的作用，促进大脑血液的流动。那么，你也来试着做做这两个动作吧。

抖腿的做法：

① 放松脊背。
② 以自己喜欢的速度，像踩地一样抖腿约 5 分钟。时间有限的话做一两分钟也可以。

转脚腕的做法（千万注意不要受伤）：

① 一只脚的脚尖踩地，以脚尖为轴顺时针转动脚腕 10 次。
② 换方向，逆时针转动脚腕 10 次。
③ 换另一只脚，重复以上动作。

【有没有交流障碍从表情就能看出来】

你是否有这种感觉：似乎交流能力更强的人一般来说表情更丰富一些？没错，这是有科学依据的。科学研究表明，与表情僵硬的人相比，表情丰富的人的交流能力的确更胜一筹。

你笑的时候或者说话的时候所能调动的面部肌肉被统称为"表情肌肉"，这些表情肌肉和前额叶也有密切联系。我在前文中提到过，人和猴子的不同在于能否用手使用工具做一些精细的劳动。其实人和猴子还有一个很大的不同，那就是表情的丰富度。表情肌肉也是前额叶发达的人类所独有的，这些肌肉的运动与前额叶的活动密切相关。我们都知道，如果患了阿尔茨海默病的话，患者的面部表情会受到影响。如果患者能够多锻炼表情肌肉，就可能会改善痴呆的症状。

我们可以做一个漱口的动作来活动面部肌肉。这里的漱口不是真的含一口水在嘴里，然后张开嘴仰起头的那种动作，而是尽可能地先鼓起后收缩你的脸颊。我在与约好的人见面之前都会刷牙，刷完牙之后，我会再做一个漱口的练习动作。这个动作的主要目的是让你的面部肌肉动起来，觉得"没时间刷牙""没地方刷牙"的人，也可以口含空气进行练习。总之，动作要尽可能地夸张，幅度要大，至少持续几十秒。在下次进会议室之前或者在洗手间里趁着别人看不到的时候，你也试着练习一下吧！

做法：

① 尽可能多地含一口水（或者空气），鼓起脸颊。
② 收缩脸颊，动作要夸张一点。
③ 重复以上动作 10 次左右。

【 为什么甜点师能追到女播音员？ 】

最后，我们从一个比较特殊的角度，来看看怎么锻炼大脑前额叶。

我之前有一个下属，他在每次开会之前总要使劲地闻一下巧克力的味道。他是那种在会议上发言很积极的人，但是如果不巧哪次巧克力没了，没闻成味道，他在开会时就会心不在焉，基本上不怎么说话。我觉得很奇怪，就问他为什么开会之前总要闻一下巧克力的味道，他回答说："因为巧克力的味道能让我觉得很安心。"什么？巧克力的味道还能让人安心？我觉得有些不可思议，于是搜集了很多与巧克力有关的资料，结果发现了一个惊人的秘密：巧克力的味道竟然和会话也有密切联系。

巧克力中的苯甲醇、2,3- 二甲基吡嗪、5- 甲基 -2- 苯基 -2- 己烯醛等成分造就了巧克力独有的香气。也正是这些成分能够刺激大脑的中枢神经，提高人们的注意力和大脑前额叶的活性。另外一个很重要的成分——造成巧克力有苦味的可可碱，可以起到放松自主神经的作用。这些有效物质混在一起，进入人体中共同作用，使我们的神经放松下来，毛细血管扩张，从而增加大脑的供血量。

经常去国外旅游的人可能知道，在美国或者欧洲酒店房间的床边，经常放着巧克力。其目的就是希望巧克力中的可可碱成分可以使在酒店休息的人放松下来。

是不是只有高级巧克力才有这种效果呢？并不是，超市里卖的普通品牌的巧克力就可以。而且只需闻味道不用吃，正在减肥的人也不用担心变胖。闻一两分钟巧克力的味道，其效果就可以持续 3 小时，所以你在要谈话之前 5 分钟到 1 小时内闻一闻就可以了。

说个题外话，我们身边有很多甜点师追到女播音员或者女演员的例子。我在想这是不是也和巧克力的魔力大有关系呢？

　　既然巧克力这么有用，那么下次你再去参加多人交流的聚会时，也在包里放一块巧克力吧。让它代替护身符，给你带来好运气。

　　我们在第 2 章中介绍了让别人主动跟你搭话的方法，在本章中又说了怎么提高接话能力、怎么让大脑保持待发言的状态，那么接下来，终于轮到我们真正"发言"了。很多人都因为这件事而挣扎着，因为他们即便突然有了说话的机会，也根本不知道说什么好。怎么向对方传达"谁""把什么""怎么样了"这些信息才好呢？ 怎么才能不让对方觉得自己有交流障碍，下次还愿意一起聊天呢？

　　在下一章中，我将与你分享在我分析了 3000 亿个人类行为数据之后发现的窍门。

?

【小知识 2：为什么惯用右手的运动员要进行左手的练习？】

　　在本章中，我介绍了在会话前和会话过程中可以使用的练习方法，其实有些方法我们在平时也可以做，以此来锻炼我们的会话中枢。

　　一位棒球运动员是右投手，他却经常进行左手投球的练习。

即便他用左手投球，直球的力度也能达到 130 千克以上，甚至用左手也能投出曲线球等变化球。另外，也有很多像铃木一朗（日本职业棒球选手，曾效力于美国职业棒球大联盟西雅图水手队，现已退役）一样的击球手，虽然是右撇子，但是也喜欢"左打"。在运动员的世界中，好像有很多人会这样锻炼自己不常用的那只手。因为当你分不清哪只手是惯用手，哪只手是不常用的手时，可以让身体找到左右平衡的感觉，从而发挥出更大的力量。

其实这种方法也可以用来锻炼我们的大脑。在前文中我说过，手和大脑是密切联系的，具体来说就是用右手可以刺激左脑，用左手可以刺激右脑。如果经常只使用某一只手的话，只能对一侧的大脑产生刺激。而会话中枢前额叶位于大脑前侧，是横跨左脑和右脑的。也就是说，右撇子经常使用的是左脑部分的前额叶，而左撇子则经常使用右脑部分的前额叶。如果我们用一下平时不怎么使用的那只手，就可以锻炼平时不怎么能受到刺激的那部分大脑的前额叶，这样一来就提高了前额叶整体的活性，进而提高你的会话交流能力。

不过，我们也没必要特意去做一些像左手写字那样复杂的练习，而是可以在日常生活中，用那只你不常用的手做一些像开门、穿鞋、拿东西、刷牙、用毛巾擦身体等简单的事情。虽然我们可能会有些不适应，但是经常这样做对锻炼大脑绝对有好处，不只是会提高你的交流能力哦。如果你心动了的话，那就试试吧！

第 4 章

一说话就暴露自己有交流障碍
的人和大家觉得有趣的人

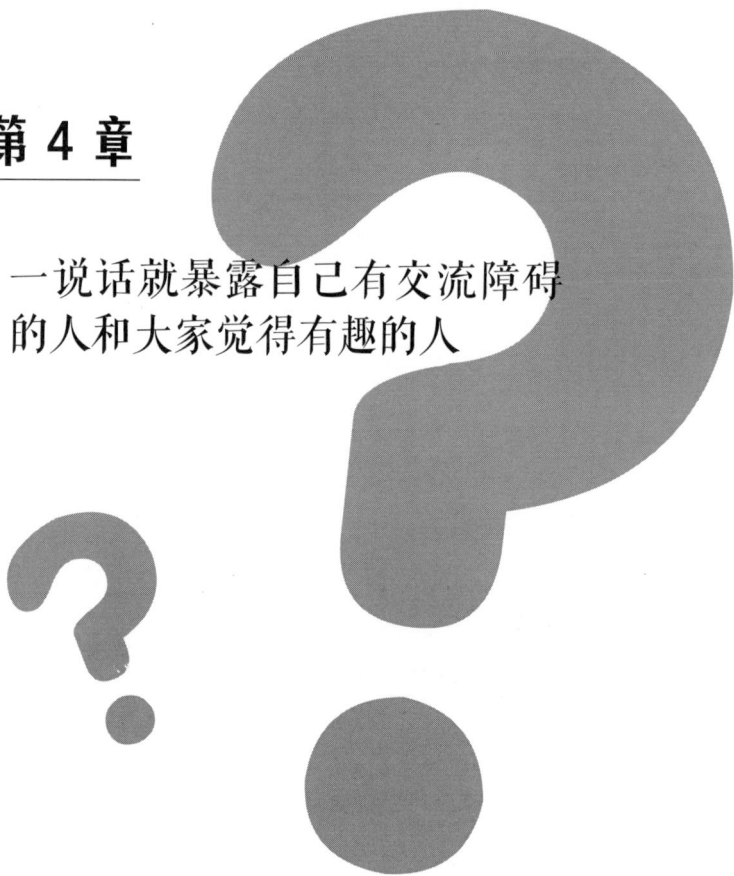

【消除交流障碍的 3 个要素】

终于，轮到你开口说话了。

那个人跟我搭话了。我接住他的话了。大脑已经调成了说话模式。万事俱备，只欠东风！

……

等一下！

你说你准备好要说话了，但是你要说什么呢？可不能随便说说就行啊，要是出错了，大家还是会觉得你"很讨厌""不懂得察言观色""这家伙完全不在状态啊"。眼看着离说话第 2 多这个位置越来越近，但你说了一句之后，大家的话题再也没有转到你这边来……最后，旧大脑还是不幸地开始启动，负面情绪涌上心头，你说得越来越少，再次归于沉默……

所以，说什么和怎么不出错地说非常关键。为了不说错话，请你务必注意以下这 3 个要素。

①说什么，即说话的内容，就是你要向对方传一个什么样的"球"的问题。

②对谁说，即说话的对象，就是接下来你要把"球"

传给谁的问题。

③怎么说，即说话的方式，就是把握传"球"的时机和状况的问题。

只要抓住这3个要素，你就掌握了科学说话的关键。

接下来，我从大脑功能结构的角度出发，分别解决这3个问题。

? 要素①：说什么

【不要轻易开口提天气】

那么，会话时到底应该说点什么呢？对不起，没有固定答案。会话是充满生命的，它是因人而异的东西。话题也是层出不穷的，不存在所谓的万能话题。

比如，经常有人说："你要是觉得没话可聊，可以谈谈天气。"确实，天气这一话题是谁都可以拿来一用的安全话题，但是也正因为它太安全而显得太平淡了，谁说都可以，所以就没什么技术含量，即使说了也不会给人留下深刻印象。而且好像现在很多人认为"开始谈天气了，就表明两人间的气氛开始尴尬，没什么话可说了"，或者"不会说话的人才会老和别人聊天气"。

本来嘛，自己起头说话就是需要勇气的。所以在这里，我希望你能留意一件事，那就是拓展会话。

我在前文中说过，你在会话中需要做那个说话第二多的人，那么这个说话第二多的人主要负责干什么呢？是聆听？发言？总结？还是炒热现场的气氛？都不是。你最合适的工作是拓展会话。

那么，具体要怎么做呢？

【在球门前传"球"的那些人】

会话怎样才能被拓展开呢？

首先，说话最多的那个人即便没有人应和，他也会在那里自顾自地滔滔不绝。所以，即便现在话题（在这里笔者将其比喻成足球）传到你这里了，你也没必要再把话题抛给他。和说话最多的那个人互相"传球"是没什么用的，就好像足球场上两个人在自家球门前把球踢来踢去一样。为了博得好印象，你要做的是把话题传给说话第三多的和

说话最少的那两个人（这里假设你是说话第二多的人），
这才是你最重要的作用。

但是你千万注意，别因为要把话题传给另外两个人而
得罪了说话最多的那个人。比如在回答他的问题时心不在
焉，或者直接打断他的话，这样会破坏谈话的氛围，导致
会话没法继续拓展（你一定不要忘了，说话最多的那个人
才是你们的"领队"，他掌控着全场）。

你要做的就是，预测一下说话最多的那个人会在什
么地方有个暂停或转折，然后用"对哦！""原来是这
样啊！""的确是哦！"等感叹语把他的话"截住"，
然后再把话题传给其他人。比如，你可以说"原来是这样！
那某某某你觉得呢？"。在这种时候我自己就经常说"唉？
怎么你都没反应？"，希望能"唤醒"除了说话最多的
那个人以外的其他两个人，从而把话题传给他们（后面
我还会教大家怎么分辨想被搭话的人和无所谓是否被搭
话的人）。

本来说话最多的那个人也不会一下子把所有的话都说
完，所以即使一时被打断，在别人说完之后也能说"是啊，
某某某你说得对"，然后把话题再接回来，这并不会损害
整体的谈话氛围。

总之，所谓拓展会话，就是要从说话最多的那个人那

里把话题截住，然后传给没怎么说话的人，给他们发言的机会。这样的话，说话最多的那个人会感谢你在认真地听他讲话，而说话少的两个人也会感谢你给了他们说话的机会，自然而然地提高你在大家心中的好感度。

所以，做好拓展会话的工作，不仅不会得罪谁，反而会促使大家都积极参与进来，使聊天的气氛更火热。

那么，具体说哪些话可以让你们之间的会话更好地拓展开来呢？

【巧用 3 个 "如何" 自然拓展会话】

我通过观察群访中每个人的表现，发现说话很少的那几个人即便是有人把话题引到他们那儿，他们也很难顺畅地给出回应。那么你应该说什么样的话，才能让他们顺利地参与到谈话中去呢？

首先，你不能问他们能用 Yes 或 No 回答的非开放性问题。例如，你问对方 "你喜欢这个吗？"，对方回答 "嗯" 或者 "不喜欢"，对话就结束了，几乎没有任何继续拓展下去的余地。如果你这么问的话，别人可能会觉得 "还没开始呢就结束了，问得毫无价值"。我建议你可以问 3 个 "如何"的问题，即怎么讲、为什么、怎么办，给对方创造回答问题的空间。

具体来说，问这 3 个问题的目的如下。

①怎么讲——引出具体说明（"怎么解释""你怎么看"之类的）。

②为什么这么认为——引出思考的背景。

③如果是你的话要怎么办——询问具体方法。

连同上文说的截住说话最多的那个人话题的方法，我们一起在实际的会话中感受一下。（在以下的对话中，说话最多的人标记为 A，说话第二多的人标记为 B，说话第三多的人标记为 C。）

A："这几天我去玩了真人 CS，超有意思！"

B："真人 CS！！真人 CS 是什么呀？（真人 CS 都玩什么呀？）"

A："就是……"

B："哇！听起来好有意思！小 C，你怎么没反应，你觉得呢？"

C："嗯……我对这种游戏不太感兴趣……"

B："为什么呀？"

C："我喜欢玩室内足球，周末一直都在玩这个。"

B："室内足球！我也想玩，能教教我怎么玩吗？"

　　就像这样，你在接过说话最多的人的话头之后，通过问 3 个"如何"的问题，让说话少的人也参与到对话里，这样就能大大拓展对话空间了。而说话最多的人之后也会积极参与进来，比如他会说"原来如此！""跟我那个真人 CS 也没太大区别嘛""哇，是这样啊！""还有这种玩法啊"，这时你就可以再借用他的话，在发表自己意见的同时，再次把话题往他人那边拓展。

　　像这样，3 个"如何"问题交替进行，便可以推动会话向前发展，逐步拓展会话的内容。比如，你下次可以在 4 个彼此不熟的人同乘一辆出租车的时候，试着用 3 个"如何"来展开对话。

【巧用脑科学原理拒绝邀请】

　　关于上一节中提到的引出具体说明的怎么讲这一问题，其实在你问出这句话后，对方就应该明白"下一步话题就会被引到我这里了"。怎么办这一问题也同样暗含着"如果要我去做的话"或者"如果要他去做的话"这一假设条件。但是，如果这时对方突然向你发出邀请——"一起去怎么样？"——那你应该怎么办呢？如果你想去的话当然没问题，但如果你本身没什么兴趣呢？虽然你有时间，但是不想去，又不想撒谎……怎么才能在不得罪对方的前提下拒绝对方的邀请呢？

如果你能说出这么做对他的坏处的话，即使你拒绝了对方，对方也会觉得理所应当。

有关脑科学的研究显示，如果你想要改变别人的想法或者让别人采取特定的行动，只需要告诉对方这样做的话，他们自己会怎么样。

有一个很明显的例子。为了让人们少把自行车停在车站出口处，有人在车站出口处贴上了"在此停车会给别人带来不便"的警告条，但是停在那里的自行车的数量丝毫没有减少，反而更多了。当我们根据脑科学的原理，把警告语换成"在此停车罚款多少万日元"时，停在那里的自行车的数量明显减少了，大概只有原来的一半。我们在书店或便利店也经常能看见贴着"禁止偷窃，违者××"的警告。像这一类的警告其实就是在暗示"如果你做了什么，就会对你产生怎样的不利影响"，对方的大脑收到这种暗示的话，就会控制一下自己的行为或者情绪。

再回到刚才那个你怎么拒绝和对方一起去玩室内足球的问题。你可以说："我现在跟你一起踢球的话肯定会拖累你，我还是先跑跑步增强一下体能吧。"这样的话对方就会很容易接受并且不会再追问了。但是，考虑到现在的人际关系那么难维持，建议你还是少用这个办法为好。

【不要总结别人的话】

既然有像 3 个"如何"一样有利于拓展会话的句子，相应地，肯定也有一些话是不说为妙的，就像"也就是说……"和"你的意思是……"这样的话。

"也就是说，是……一回事咯"像这样具有总结意味的话，是你们的会话陷入尴尬境地的原因之一，因为没人需要你给他们总结。比起总结性的话，你还是说一句"哎哎哎？刚才说到哪儿来着"更能让大家开心。

你可以想象女生在一起聊得火热的场面。

A："那人好帅啊！"

B："真的假的？"

A："真的很帅！"

B："天哪，太奇怪了，你竟然觉得他帅（笑）！"

A："你不觉得他帅才奇怪呢（笑）！"

像这样，即使两个人的意见不一致，也能聊得很开心。

其实我们平时的对话大部分都是这样的，根本没人想着要去总结一下。因为总结这件事本身就过于严肃，会让谈话一下子变得索然无味。这种"总结"的行为会刺激对方的旧大脑，很可能一下子就冷场了。

自己说了半天的话竟然被别人用一句话总结了，还用别的口吻、别的语言重现了一下。一下子，对方的消极情绪就涌上了心头。

总结别人的话就好像在跟别人说"你说得太啰唆了，简单来说其实就是这样而已"一样，会让人觉得你在否定他们或者看不起他们。

但是，也有几种总结是可取的。

第 1 种就是在别人想不出要怎么表达才好的时候，帮助别人说出来——"你是不是想说……"。那样的话，别人会因为你的帮助而对你充满感激。

第 2 种是在会议上大家各持己见，场面一度很混乱的时候，你站出来梳理总结一下各方的观点："我认为 A 是这么想的，B 是这么想的，C 是……所以，我们是不是可以这样做？"这样的话也可以帮助周围的人，从而抑制他们旧大脑的活动。

好总结和坏总结的区别就是，总结的那个人是否夹带看不起别人之类的个人感情。为了证明自己说这番话是不带任何个人感情的，你就需要在说之前对大家意见的产生过程进行一番梳理。能够进行一番好总结当然可以，但问题是进行这类总结时你需要冷静判断，并保持不带任何个人情绪的理智状态，这对大脑前额叶的要求很高。对那些还不能很好地掌握说话技巧的人来说，大脑前额叶的功能还不够强大，他们在进行总结时很容易夹带个人情绪，极有可能给别人一种居高临下的感觉，引得别人厌烦。

只表达自己有能力表达的，这是交流的铁律。所以，比起没有能力还硬要总结，还是安安心心做那个说话第二多的人更好。

【只说了一个字就惹来别人厌恶的人】

还有一个你需要特别留意的句子，不不，不是句子，是一个字。

在没听清别人说什么的时候，或者没听懂别人的话的时候，你经常会说这个字——"啥？"

很简单的一个字，常常听到有人说。但是，我对这个字深恶痛绝，甚至想着能不能在人类的词典中把这个字彻底删掉。因为这个字在交流中简直就是地雷一般的存在。

那么，这个字给人留下的印象到底有多不好呢？我为

081

此做过一个实验。在这个实验中，我扮演倾听的一方，在对方说完话之后用"啥？"来询问对方。实验对象有 60 人左右，在实验结束之后我让他们说说当时听到那个字时的心情。结果很多人都表示"很烦""很生气""感觉很不好"，其中甚至有 3 个人在听到"啥？"之后就没有再理我。虽然也有人说"感觉我自己没表达清楚，有点愧疚"，但是大部分人产生的都是负面情绪。

为什么"啥？"这么简单的一个字，能给人留下这么坏的印象呢？因为很多人在说话的时候，都默认自己说的话能够传达给对方，结果自己说完话，在期待对方给出回应的时候，对方却来反问自己刚才说了什么，这样的情况是意料之外的。大脑一时间很难从"你已经理解了我的话"的期待中跨越到"你根本没理解"的现实中。被反问说了什么这件事，无形中会给人的大脑带来极大的压力。所以，大脑立即就会感到不快。

那么，当你真的没听清对方说的话时该怎么办呢？

这时你应该先告诉对方"我没听明白你说话"这件事，先把"不是你的错，而是因为我自己没听懂"这个意思向对方传达一下，不要让对方觉得你是在否定他。所以，第一句你应该先说"对不起"。特别是面对上司或者部下的时候更要注意，对上司说"啥？"是非常失礼的。同样，对部下说"啥？"的话，对方会想是不是自己说错了什么而感到恐慌。正确的说法是："对不起，刚才没听清你的话。"

综上，在会话时我们还是把"啥"这个字尘封起来，以后不要再说为好。

? 要素②：对谁说

【观察一下是谁在往左边看】

解决了说什么之后，接下来是对谁说的问题。

我们要怎样做才能在会话时给别人留下好印象呢？

虽然想说但又很难主动融入大家的对话，就想"如果有人能主动来和我搭话该多好"——这样的人肯定不在少数。在话题围绕着自己展开的时候，如果你能够找一个合适的时机把话题传给别人，让别人也有发言的机会，那么这个人就会觉得你很会说话，下次还要找你说话。这样就形成了一个良性循环，使自己能说的机会越来越多。

所以，和别人搭话的顺序很重要。

我在进行群访的时候为了使现场的谈话气氛更好，会按照某个特定的顺序向大家提问，这收到了很好的效果。是什么样的顺序呢？那就要用到我在第 2 章中提到的"大脑从左到右获取信息"这一法则了。

假设现在有 4 个人按照下图所示的顺序就座。

【科学且正确的搭话顺序是？】

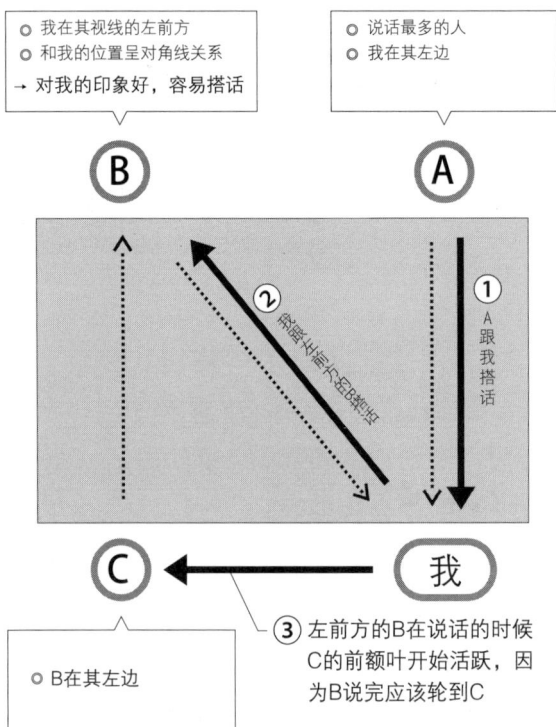

○ 我在其视线的左前方
○ 和我的位置呈对角线关系
→ 对我的印象好，容易搭话

○ 说话最多的人
○ 我在其左边

B

A

② 我看着B在思考该说什么

①
A
跟
我
搭
话

C

我

③ 左前方的B在说话的时候C的前额叶开始活跃，因为B说完应该轮到C

○ B在其左边

──→ 跟别人搭话的方向   ┈┈┈> 为了获取信息，视线移动的方向
※ ①②③是说话的顺序

你和 C 与 A 和 B 是面对面坐的，A 和 B 两个人的脸都朝着你这个方向；A 是那个说话最多的人，假设你就坐在 A 左前方的位置上。

这样的话，A 就很可能来找你搭话，话题就会传到你这里。那么，你应该找谁搭话呢？没错，应该找那个在他看来你是位于他左前方的人，也就是 B。此时，你位于 B 的左前方。对 B 来说，来自这个位置的你的信息是他最容易获取的，所以你跟他搭话的话，他会快速做出回应。

接下来，B 应该找 C 搭话。因为对 C 来说，B 也是位于他左侧的，所以在 B 说话的时候，C 的大脑前额叶已经被激活了，也能够快速给出回应。

用一句话总结一下就是，下一个说话的人应该是位于正在说话的人的左前方的那个人。按照这个顺序找人搭话的话，说话的人会很方便，被搭话的人也能快速反应过来。而且被搭话的那个人还会觉得你很懂他，对你的印象会很好（无论几个人谈话都是一样的，都可以用这个方法）。

跟别人搭话的顺序可以决定大家之后的会话能否顺利进行。我提到的这个方法在刚刚开始交流时可以起到很好的暖场效果。你一定要试试。

【找出那个盼着被搭话的人】

顺便说一下，就算不知道人容易注意左边这个特点，很多人也有喜欢和位于自己左边的人说话的倾向。所以，你在聚会现场说话的时候，需要注意一下这个人类都有的小癖好。

但是，也不是每次都一定要严格按照这个法则来。你在和人搭话的时候要注意观察，谁当时在动。比如，有没有人在转笔、抖腿，或者边回应边点头。这样的人多是因为想说话但是没有机会说觉得有些尴尬，才不停地晃动身体。人在想说话的时候前额叶会变得很活跃，身体也会处于一个安定不下来的状态。负责说话的布罗卡区也同时掌管着嘴巴和手部的肌肉运动，所以当布罗卡区处在想说话的状态时，身体也会表现出相应的倾向。

？ 要素③：怎么说

【距离决定印象】

最后是表达方式。我们来一起从心理学的角度分析一下，在需要说话的场景中我们怎么说话才不会招人烦。

有时候会有一些人让我们觉得生理上不适，原因是这些人不懂得和你保持空间上的距离。那么，怎么才能避免自己也变成这样的人呢？

关于距离的问题，我先说几句。

每个人心里都有一个关于个人空间的标准，类似于一种对周边的防御，告诉大家不能进入这个范围。比如，乘坐新干线时如果人不多，3 个并排的座位里中间那个就没有人坐。其实中间那个位置最宽敞，但大家一定还是从两边开始坐。这是因为大家受到了要和别人保持一定距离这种心理的影响。

个人空间可以分为以下 4 种。

距离不同，印象不同

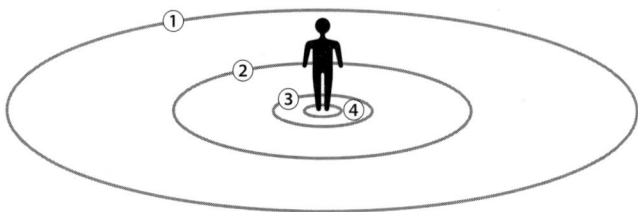

① 半径为7.6米

开始进入个人空间，有人在此空间内跟你大声搭话的话，你会想逃离。

② 半径为3.6米

虽然开始注意到对方，但是对方跟你搭话的话你听不太清，很难做出回应。

③ 半径为1.2米

被对方搭话时，你不会感到惊讶，并且很容易做出回应。

④ 半径为0.45米

对方进入这个范围会令你产生生理上的不适。

　　我在超市的试吃活动中做了这样的试验：在招呼顾客试吃时跟顾客保持什么样的距离，销售额会最高？我得到了以下结论。

在①（半径为 7.6 米）和②（半径为 3.6 米）的时候，虽然顾客感觉你在招呼他，但是内心并不确定，不知道需不需要靠近你问问。顾客受不愿意给自己添麻烦的心理的驱使，最终还是选择不向你走来。

而④（半径为 0.45 米）的话，是一个只能经过自己认可后别人才能进入的领域。推销员贸然闯入这个领域，顾客会觉得"这个人是不是另有所图""推荐的商品什么的根本不想买"，购买欲急剧下降，还可能产生生理上的不适。

推销效果最好的距离是③（半径为 1.2 米）。在这个距离内顾客才会产生想要试吃一下的欲望，并决定要不要购买。在顾客犹豫要不要尝一口的时候，你主动打招呼请他们品尝，顾客会很容易接受你的邀请。

实际上，按照个人空间原则，在找到最合适的推销距离之后，整个试吃活动的销售额增长到了平时的 5 倍之多！

再说会话的事。很多时候，越是交流能力强、说话多的人，越容易贸然进入别人的④（半径为 0.45 米）领域。这会让对方感觉十分不适。但如果我们保持在③（半径为 1.2 米）领域附近展开对话的话，就不会给对方压力，能使会话顺利进行。

所以，在和人交谈时保持适当的距离是很有必要的。

在会议上或者聚会上和几个不怎么熟的人说话时，我们不要靠他们太近，保持③（半径为 1.2 米）的距离（大概稍短于两臂伸开的距离），就不会引起对方的警戒。

同理，你可以知道为什么在人很多的聚会上，即便你主动和超过②（半径为 3.6 米）的距离的人搭话，他们也对你印象不深了吧。

【看着别人的眼睛说话其实是错的】

你肯定也听过很多次这样的"忠告"：和别人说话的时候一定要看着对方的眼睛。实际上，盯着别人的眼睛说话不会给对方留下什么好印象。相反，还可能引起对方的反感。那你肯定就会问："我和别人说话的时候看哪儿好呢？"别急，让我们在生活中找找线索。

"なつちゃん"是一款在日本很畅销的果汁，自 1992 年发售以来其人气一直居高不下。当然，这种果汁的口味一定不会差，但是在购买之前一般顾客并不能分辨它和其他果汁在味道上有什么本质区别。那么为什么它在发售之后马上受到了人们的追捧呢？就此，我的研究伙伴也做过一个实验。

　　他是利用脑科学原理设计更容易被消费者接受的商品包装的专家。他和他的团队在这个实验中给消费者们展示了很多种类的商品外包装，然后记录下消费者的注意点都在什么地方。结果他们发现，消费者对画着人脸的包装或者类似人脸图案的包装印象深刻。也就是说，人脸很容易引起人类的关注。

　　在"**なっちゃん**"的外包装上就印着他们的品牌标志——一个大大的人脸。这一人脸图案的使用可以增强消费者的购买欲望。

　　人类有一个特点，就是比起复杂的文字，人们对人脸或者其他与自己相似的东西更感兴趣。就像我们在发消息时，加上一些颜文字的话会更好地表达自己的感情，它们是一个道理。同样，外包装上印着人脸的果汁也更容易被我们的大脑所接受。

　　用脑科学的话来讲，大脑对人脸的执念之深，甚至使其划分出了一个专门的"人脸领域"来进行人脸识别。你有没有这样的经历，当看到墙上的污垢、水滴或者照片里的某些影子的时候会突然觉得它们很像人的脸？其实这就是大脑的判断。尤其是一些类似倒三角形的东西，大脑更容易把它们识别成人脸。

　　那么，为什么大脑对人脸的执念这么深呢？

其原因要追溯到我们的婴儿时期。人类刚出生的时候自己什么也做不了，如果不靠别人照顾的话是活不下去的，我们称这样的动物为"就巢性动物"。对于这类就巢性动物来说，能否识别养育他们的母亲的脸，关乎自己的生死。也就是说，对人脸敏感是人类的本能。

既然人对人脸的感情这么深，那么在和别人交流的时候，抬起头来让对方能看到你的脸是最好的。简而言之，比起眼睛，脸更关键。

【不小心对视了该怎么办】

那么问题来了，两个人是"脸"对"脸"了，那么视线要放在对方的哪里呢？

直视对方的眼睛有些危险，因为目光相对的话大脑会感觉到敌意，对方会觉得你好像在狠狠地瞪着他。

我建议你最好看着对方的鼻子或者眉间说话。这样比直接对视的压迫感弱一些，而且两个人的目光偶尔也能自然地对上。

在这里，你要特别注意避免不转头只向对方送去眼神的行为。你可能也有在用眼睛瞥对方的时候却正好与对方的目光对上的经历吧，没有转头而只用眼睛看的话，一旦双方视线相对，内心就会非常尴尬，对方也一样。而且这样做还容易给对方留下不好的印象。

　　在和别人说话的时候一定要把头转向对方。另外，在视线不小心对上的时候也一定要马上把头转向对方并微笑示意，然后尽快和他搭话。因为旧大脑不擅长等待，这样做才能缓解尴尬。

【巧用毛豆】

　　你知道吗？喝酒的时候吃的烧毛豆可以帮助我们更好地和人聊天哦。

　　说到能在聊天时助我们一臂之力的食物，就不能忽视豆类了。豆类有很多，我在这里特别想强调的是黄豆。毛豆是喝酒时经常会吃的食物，它是用还未完全成熟的黄豆做的。我本人在家及和朋友聚会喝酒时，一定会吃毛豆。当然，纳豆或者豆腐等豆制品我也经常吃，但是毛豆是我每天的必需品。

　　每天吃毛豆给我带来了什么变化呢？我感觉自己能够集中精力的时间变长了。

　　我之前也说过，我做的工作主要是大数据分析。为了分析处理大量的数据，我必须设计一些能快速计算、处理上亿条信息的程序。这是非常辛苦的……以前不管我怎么努力，最多也就只能在书桌前坐上 30 分钟到 1 小时。自从我养成了吃毛豆的习惯后，不知不觉间，我发现自己竟然能连续在书桌前专注地坐上两三个小时了。这是因为毛豆中的某些成分提高了我大脑前额叶的机能，使我能够应付长时间、高强度的思考。

　　到底是毛豆中的什么成分在起作用呢？

　　首先，毛豆中富含能产生血清素的必要氨基酸——色氨酸。我在前面提到过，血清素是一种能够提高前额叶活跃度的物质，所以经常吃毛豆能产生提高认知能力、消除疲惫的神奇效果。自从常吃毛豆以后，我发现自己的睡眠质量比以前好了，也没那么容易感到疲倦了。

　　其次，毛豆中还有一种物质——卵磷脂。卵磷脂中含有胆碱，这种成分在大脑内可以转化成乙酰胆碱。乙酰胆碱和血清素一样，也是一种神经传递物质。神经传递物质可以传递我们大脑中"说这个吧""说那个话题吧"之类的信息。所以，乙酰胆碱的增加能够加快大脑的运转速度，使大脑内信息的传递更顺畅。

　　常吃毛豆可以提高我们大脑前额叶的活性，增强记忆

力和专注力，让我们说得更流畅。常吃毛豆甚至还可以起
到延缓大脑衰老的作用。

　　由此可见，毛豆的确是前额叶的好朋友。想到这些可
爱的毛豆们在聚会时其实是在默默为你助力，你也会觉得
很开心吧。

【说到底，交流障碍只是你的心理作用罢了】

　　因为认为自己不擅长说话，所以说不出来！

　　因为没兴致，所以不说！

　　诸如这般，被人际交流精神论控制的人，或者沉浸在
自己的臆想中的人不在少数。其实，只要稍稍调整一下心
态或者心情，问题就迎刃而解了。很多人的压力其实来源
于自己的内心。我在前文中也提到过，旧大脑受到压力后
会被激活，而前额叶则会变得反应迟缓，所以压力很大的
话人们就更不会说话了。

　　的确，交流障碍这件事受到很多心理因素的影响，要
想单纯从人的精神上寻求解决办法的话，有时候会走远路。
所以，我选择从大脑组织结构和人类行为数据分析这个科

学角度入手来分析解决问题，而我也的确找到了正确的解决方法，成功地把说不出话这件事变成了"前尘往事"。

在序章中，我假设你是一个觉得自己开不了口，但又不想给人留下沉默寡言、阴气沉沉的印象的人。然后，我带着你从让别人和自己搭话，到时刻准备着说话，再到真的把话说出口，循序渐进，一步步地探索有效的方法，目标是让你能够开口，做那个说话第二多的人。

但是，我们还忽略了一个问题。那就是研究怎么说话也好，怎么从说话最少变成说话第二多也好，我们的大前提都是——假设你是那个在交流中说话最少的人。现实情况也许并非如此，你很可能会遇到一些特殊的情形——"唉？我一直觉得自己就够沉默了，大家怎么比我还沉默……"也就是说，很不巧，周围的人竟然都有交流障碍，你竟然成了几个人中说话最多的那个……这时候你要怎么办才好呢？怎样才能把谈话时沉默的氛围一扫而光呢？

这就是接下来我们要讨论的问题。

第 5 章

震惊！4 个人都有交流障碍的
话怎么办？

【如果很不幸 4 个人都有交流障碍】

并不是每次都有人比自己擅长表达。"我觉得自己已经够不会说话了，但是看看周围其他人，发现竟然有人说得还没有我多……想着我要做那个说话第二多的人，但是发现根本没有人多说话，大家都默不作声。什么？难道我变成这里面说话最多的那个人了吗？"

如果刚巧你们这几个人被分到同一个工作小组里了，你肯定不想让别人觉得你们这个小组"特沉闷特无聊""幸好我没被分到那个组"吧。如果真的遭遇了这种"横祸"，你不得不做那个率先打破沉默的人，该怎么办呢？你有想过吗？

还有，比如你在教训下属或者跟顾客道歉的时候，如果对方一直沉默不语的话，你也会觉得有些尴尬吧。那么怎么做才能让对方开口，继续推动对话向前发展呢？

这作为多人交流情境下的终极问题，摆在了你的面前。那么现在，就请你想一想怎么应对这一类复杂的沉默场面吧。

【好汉不提当年勇】

每个人都一样，很难说出第一句话。特别是工作性质的会面或者在第一次见面的时候，很容易冷场。大家都低着头，仿佛都在为应该说什么而苦恼不已……全场气氛十分尴尬。这时，为了不让别人觉得这个小组过于安静了，也为了让大家能说说话，你会想"不如让大家进行一下自我介绍吧"。

但是单纯的自我介绍也不行，因为大家轮流做完自我介绍以后，很难再从中拓展出别的话题。而且在听别人自我介绍的时候，可能还会有人内心不满——"为什么要听他在这儿说这些啊""根本听不懂他在说些什么"。那是因为大家都默默计算着什么时候轮到自己，忙着准备自己的自我介绍，根本听不进别人说了什么。这时候，你就需要借助脑科学的知识了。你可以用一些特殊的方法来做自我介绍，让大家的大脑前额叶"注意"到你。

这是一种名为"三明治介绍法"的方法。如果你用这种方法说话，听者会更容易理解，也更容易对你留下深刻印象，你还可以引出一个话题让大家进行讨论，来打破沉默的局面。

简单来说，三明治介绍法就是按照"现在—过去—现在"的顺序说话。

我们在做自我介绍的时候，可以说以下这些内容。

①（现在）正在做的事。

②（过去）为什么会这样，其原因何在。

③（现在）所以，现在又在做什么事。

我现在在做市场分析这项工作，但是很多人对市场分析根本不熟悉，听到我这么说时就会不知所云，所以也不会有什么反应。如果我能按照"现在—过去—现在"这个顺序介绍自己的话，大家可能就会对我做的市场分析工作感兴趣，也能把我的工作和其他市场研究专家的工作区别开来。

比如，我会如下这么说。

①"我现在在做市场分析工作。"——现在。

②"我之前分析过3000亿个人类行为模式数据。"——过去。

③"我女儿曾经因为一场事故脑部受损严重，我当时自学了很多关于大脑的知识，帮助我女儿恢复了健康。所以我觉得自己十分擅长利用大脑的知识分析并预测人们的行为。"——过去。

④ "现在我也在利用我所学的与大脑相关的知识，研究怎么才能让超市或者商场的商品卖得更好。" ——现在。

怎么样？这样说的话你是不是马上就能理解我的工作是什么样的啦？只要大家对你说话的内容感兴趣，就会有向你提问的欲望，这样就会更有聊天的氛围。另外，如果大家能够清楚地理解你说的东西，他们大脑的前额叶就会更加活跃，大家也会更积极地发言。

这种三明治介绍法适用的范围很广。除了自我介绍以外，在说"目前喜欢做什么"或者"周末经常做什么"等话题的时候也可以用得上。结合前文所说的"和别人搭话"的技巧一起使用，三明治介绍法可以发挥更好的效果。

【例：说到兴趣（比如周末一般喜欢做什么）时】

① "我特别爱吃拉面，一周能吃 5 次。" ——现在。

② "你还记得之前我和你说的那个拉面馆吗？我上次去吃拉面，等了一个半小时还多……但是那儿的拉面确实名不虚传，真的超好吃！" ——过去。

③ "我现在在探店中！找哪里有好吃的蘸汁面。你有什么推荐的店吗？" ——现在。

【千万别这样做自我介绍】

顺便提一句，如果你不是从"现在"开始说，而是从"过去"开始介绍自己，又会怎么样呢？

比如，我上来就这样说——"我女儿曾经因为一场事故脑部受损严重，我当时自学了很多关于大脑的知识，帮助我女儿恢复了健康……"这会给人一种什么感觉呢？如果你这么开头的话，就会使听的人不知所云，想着"他最后想说什么呢？""从哪开始是关键内容呢？"。对方抓不住重点，就会感到不安。一旦大脑感到不安，他们也就难以集中注意力，"旧大脑"再被开启，更听不进别人的话了。

这样的开头是毫无裨益的。按时间顺序介绍自己的话，会给人摸不着头脑的感觉，别人会想"他说的这些和我有关吗？"。因此，你在按照我说的三明治介绍法介绍自己的同时，也要留意对方的反应。

【究竟是什么导致气氛沉闷】

几个不爱说话的人聚到一起，大家从刚进门就会面面相觑，而且还经常出现说着说着就突然冷场的尴尬情况。我在第 2 章中介绍的利用格式塔法则中途离场再回来的方法，虽然可以暂时缓和气氛，却也不是长久之计。

我在进行群访的时候，常常每隔一小时就要打开门换换气，让新鲜空气进来。长时间待在封闭的会议室里，大家是提不出什么新想法来的，经常是围着一个话题绕来绕去，不得其解。

你可能会觉得是大家的大脑疲惫了，但其实最主要的原因在于室内的二氧化碳浓度过高。如果空气中二氧化碳的体积分数超过 0.25% 的话，大脑前额叶的活跃度就会大大下降，人们也会难以集中注意力。

一般来说，空气中二氧化碳的体积分数如下。

①室外：0.038%。

②电影院里：0.11%。

③电梯里：0.135%。

④拥挤的地铁里：0.38%。

⑤封闭的汽车里：0.5%。

一般办公室里二氧化碳的体积分数大概在0.1%。但在开会时，封闭的房间里长时间聚集大量的人，过一会儿二氧化碳的浓度就会急剧升高。

二氧化碳对前额叶的影响有多恶劣呢？

美国劳伦斯伯克利国家实验室和纽约州立大学曾就此问题做过一个实验。研究人员准备了3个房间，其房间内二氧化碳的体积分数分别为0.06%、0.1%和0.25%。24位大学生分别在3个房间里待了2.5小时，然后接受了思辨能力测试。结果显示，同一个人在0.06%的房间待2.5小时和在0.1%的房间待2.5小时之后，测试的得分没有很大差异。但是，在0.25%的房间待2.5小时后再接受测试的话，大家的得分都大大降低了。

由此可见，二氧化碳浓度对人们专注力和思考力的影响很明显。

不要担心，即便是待在二氧化碳的体积分数为0.25%的环境里，也不会立即对人体健康产生损害，但是这对会话中枢前额叶的影响确是显而易见的。

所以，下次你在感觉大家越来越沉默了的时候，赶紧打开窗户，换换空气吧。

【能活跃气氛的饮料？！】

另外，喝点饮料也可以缓和尴尬的气氛。最近就有人发现了这样一种效果神奇的饮料——柠檬茶。

联合利华公司——也就是售卖为人熟知的立顿红茶的公司和杏林大学医学部教授古贺良彦在交流专家野口敏先生的指导下，做了一个研究饮料和会话关系的神奇实验。

研究人员把 20 位年龄在 20 岁到 40 岁的人分为 10 组，让他们分别喝了"红茶""绿茶"和"咖啡"3 种饮料，然后进行为时 30 分钟的会话。研究人员在会话期间记录了他们大脑的血流量，并以此为依据对他们的交流能力变化情况进行分析。

结果显示，喝了红茶之后，测试者大脑的血流量急速增高。而血流量升高就是前额叶变得更活跃的表现。这个实验可以说明，喝红茶可以让会话中枢更加活跃。

另外，通过分析测试人员当时的会话交流情况，研究人员发现，10 组中有 8 组的交流气氛最好的时候，就是他们喝红茶的时候。对此，野口敏先生也表示："喝红茶时他们彼此之间进行眼神交流、展现出好奇心很重的动作，或者讲述自己的趣事的频率是最高的。"

与红茶不同，咖啡在刚开始的时候的确会促进前额叶的活跃，但是之后前额叶的活跃度会急剧下降；绿茶也是，虽然它也会在某种程度上缓缓提高前额叶的活跃度，但是远没有红茶的效果明显、持续时间长。

这个实验还得出了一个重要结论：喝红茶还具有放松精神的效果。

大家可能都有过喝了一口热乎乎的红茶，然后"呼"地一下子放松下来的经历。这是因为红茶中甜味的来源——茶氨酸，这种氨基酸可以促进大脑阿尔法脑波的释放。释放阿尔法脑波可以让人放松，提高专注力，更有利于会话中枢前额叶的活跃。

总而言之，喝红茶可以让大脑进入更想说话的状态，这一效果在实验中也得到了验证。那么，为什么又要在红茶里加入柠檬呢？

其实，关键在于柠檬的味道。柠檬中的柠檬烯这种成分可以起到促进会话中枢活跃、提高人的理解能力和专注力的积极作用。所以，柠檬红茶可以说是激活新大脑、抑制旧大脑效果最好的饮料了。

我建议你以后在吃饭时、工作休息时、聊天时，或者是任何想喝点东西的时候，选择喝一杯柠檬红茶吧。你也可以在找不到话题的时候，和大家聊聊柠檬红茶的故事哦。

【吃惊教育法】

除了大家本身都不爱说话这种情况，还有一些时候大家也容易陷入沉默。

比如，你在工作中教育比你年龄小很多的部下。你本来心情就很不好了，再遇上对方一直不说话，那怎么能忍得了？对被教育的那个人可能没什么影响，但是你作为教育别人的人，如果说话方式不对，别人对你的好印象就会大打折扣，周围在听的同事还会觉得"你怎么能这样……"。

那么我们试着用脑科学的知识来解决这个问题，看看这个时候应该怎么说，才能让部下有些回应。

首先，你绝对不能直接跟对方说"你不对""你做得不好"。如果周围还有同事在，就更不能这么说了。如果你这么说，那个被你教育的部下一下子就会受到打击，负责情绪的旧大脑部分开始掌权，他会想着把自己封闭起来，根本不愿意再说话。而其他同事在的话，你这么说就让他更没面子了，此时他更在意周围人的目光，不管你说什么，他都听不进去。

那么怎么才能在不破坏彼此关系的前提下，让对方听得进去呢？

首先，你应该把他叫到一个只有你们两个人的房间中，然后运用"吃惊教育法"。你需要表达的意思就是，最开始你是很相信他的，但没想到他竟然变成了那样，让你大吃一惊。比如这样说——"一直那么优秀的你竟然犯了这种错误，真是吓了我一跳"。重点是你要把"之后我不会跟你发怒""我不是在否定你"这两层意思传达给对方，这就是一个比较好的开场。

【第三者教育法】

接下来，我们就要搬出第三个人来了。

"有个这样的先例……"

"为了避免这种事情再次发生，应该怎么办呢？"

像这样，跟他说一下别人的事，引起他的注意。我把这种说话方法称为"第三者教育法"。这时你转述的这个故事可以是自己的经验，也可以是从书里看到的事，甚至可以自己编造一个故事。用第三者的故事做个缓冲，不让被教育的部下感觉自己是在被责备或者被否定，让他可以相对平心静气地把你的话听进去。

依次使用吃惊教育法和第三者教育法，安抚听话人的旧大脑，让他觉得"领导不是在责怪我，而是在和我一起想办法解决问题"，这样他就能开启会话中枢前额叶，和你就解决办法进行一系列有建设性意义的讨论。

如下所示，我梳理一下从吃惊教育法到第三者教育法的会话过程。

①"你太让我惊讶了！"——现在。

②"以前我们公司有一个人……"——过去。

③"那你觉得应该怎么办呢？"——现在。

上面的话在用上这两个方法的同时，还使用了我在前文中所说的三明治介绍法。

这样的说话方式能够安抚别人的情绪，同时打开对方的话匣子。这样你就不用扮演恶人的角色了，你的部下也会积极思考接下来要怎么做才能解决问题，使事情向好的方向发展。

【为何那个人做错了也不会被骂呢？】

这次不一样了。如果现在你是做错事的那一方，该怎么办呢？

　　因为工作失误给对方造成了很多麻烦，又因为说了不该说的话被对方怒斥了……大家都沉默着不敢说话……

　　遇到这样的情况的话，真的很伤脑筋呢。如果你说话不注意，一不小心开启了对方的旧大脑，就彻底完蛋了。对方现在的状态就像大坝决堤，你该怎么做才能压制住对方的怒气，让他愿意再次开口和你说话呢？

　　这种情况下道歉已经没用了。不停地说对不起也只是为了保全自己、减轻自己的罪恶感，是从自己的角度出发而没有为对方考虑，所以一直说对不起就仿佛是在火上浇油。而且一味道歉会让对方觉得"你根本不知道我为什么生气"而感到更加不快，反而助长了他愤怒的火焰。

　　那么，到底应该怎么解决这一难题呢？

　　我有一个同事，非常擅长抚平别人的怒气，他是那种解决什么矛盾都不在话下的人。他是做电车吊挂广告等交通广告工作的。从事这种与广告有关的工作的人经常要面对一些类似没在期限内交稿的纠纷。但是只要他一出马就能解决问题，甚至还能和纠纷对象成为朋友。他到底用了什么魔法呢？

　　我把从他那儿学来的抚平对方怒气的办法教给大家。

110

【平息别人怒火的办法】

首先，纠纷处理上最重要的一点是：及时处理不要等。

从脑科学的角度来看，抚平怒火不是一件容易的事。时间拖得越长，对方就会越生气，而且就算表面上看起来怒火已经被扑灭了，但是就像电影《回火》[1] 里一样，怒气的火焰并没有熄灭，它可能会毫无预兆地突然向你反扑过来。

现在我们就从对方的角度出发，一边思考他为什么生气，一边推进对话、解决问题。

在大部分情况下，对方也会有自己的上司，意思是发生这样的情况他也需要向上司解释和道歉。所以，我们应该设身处地地为对方考虑。就是说为了不让他的人际关系因此受到破坏，你可以就此提出一些自己的建议。

在这一点上，最重要的是，你可以设想一下对方在向他的上司或同事（假设有 3 ~ 4 人）报告你犯的这个错误时的场景是什么样的。那时对方肯定不想说这个错误是他

---

[1]　一部美国电影，由朗·霍华德执导，威廉·鲍德温、罗伯特·德尼罗等参演，讲述了一群舍生忘死、勇于献身的消防员们不平凡的经历。

自己造成的，而是想把错误推给一些外力因素。对方正是因为在冥思苦想到底要用什么样的外部理由来洗脱自己的嫌疑，所以（大脑感到压力而）发怒。

另外，人之所以会生气，是因为自己的期待和实际情况有差异。对方想要回到自己最期待的那个完美状态。

怎么才能在不惹怒对方的前提下解决问题呢？

如果你一时想不到什么更好的办法，就可以用我之前说的三明治介绍法，先暂时抚慰一下对方，不让他的旧大脑启动。

① "这次真的非常抱歉。" ——现在。

② "您一定还没和 ×× 主管说吧。还有顾客那边怎么解释也得麻烦您，真是太对不起了，太辛苦您了。" ——过去。

③ "能让我和您一起想想怎么和他们说比较好吗？" ——现在。

像这样，不要把对方的立场摆在和你相对的位置上，而是和对方统一战线，从对方的角度出发替对方考虑问题，这是最关键的一点。

通常来说，一个人虽然会生气，但是看到别人这么设身处地地替自己考虑，情绪化的旧大脑还是会被压制住，也就不至于太生气。

我这个同事啊，每次跟他一起去居酒屋喝酒，他都能和店员称兄道弟。他是真的很擅长看透别人的心理啊。

所以，你可以学着在平时和你的客户说话时，就留意一下他在公司里是什么处境、大家都是怎么评价他的，等等。把这些信息装到你的脑子里，然后在你不幸犯了错的时候就可以派上用场了。

【只有说出口才是王道吗？】

前文说了这么多有关"自己怎么说话"和"怎么引导别人说话"的问题，其实在分析人们语言行为的过程中，我经常有这样一种感觉——大家每个人其实都很愿意说。不管表面看起来多么腼腆羞涩的人，只要能自己开口说一些东西，就会一下子放松下来，变得很开心。也正是因为大家都有这种想说的欲望，所以才会在说不出来的时候感到紧张，或者在想逃却逃不了的时候感到焦虑。

首先，你得能把话说出口。但是我想说的是，我希望在那之前，你能有"和那些说不出口的人搭一下话，好让他们也把话说出来"这样的意识。因为不管你再怎么能说，完全不顾及周围人的心情，一味只顾着自己说话的人，归根结底还是不够会说话。所谓的说出口才是王道就是，自

113

己好不容易有勇气说了，为了不让大家觉得自己有交流障碍，所以就拼命说、使劲说。你还是不要有这样的想法为好。

如果你有心情、有余力顾及那些说不出口的人的话，就说明你基本上已经不再为多人交流而苦恼了。

这样的话，其实不知不觉中你已经变了，变成一个会话中枢更强大的人，一个无论周围有多少人都能顺畅无阻地表达自己想法的人。

希望某天你在和别人搭话的时候，能够突然意识到自己的变化，然后充满自信地去过后面的人生。

说话这件事，说起来容易做起来难，需要巨大的勇气

以前的我也一直被多人交流这件事困扰着，面对别人的时候总是保持沉默。但是，通过我女儿的事情和我在京都大学的研究，我发现了许多解决多人交流障碍问题的秘诀，就比如在本书中提到的毛豆等。在那之后，我便渐渐地看淡了这件事。

希望读完本书的你能获得说话的勇气，这是我现在最真实的想法。

在此前进行群访时，我遇到过各种各样的人：有虽然有意见但说不出来、一脸焦急的人，有因为觉得自己交流能力低下而苦恼不已的人，还有为了掩饰说不出话的尴尬而独自盯着宠物玩具标签看的人……这些人的交流障碍问题的原因都在于他们的大脑前额叶没有被充分激活。

我们探讨的话题是，为何在4个人的交流中我们会存在交流障碍。这种意识其实只是人们大脑自己的想法而已。自己把自己限制住了，说不出来也是理所当然的。

交流能力不是天生的。在4个人的交流中觉得说话困难是大家都面临的问题，不只你一个人有这样的烦恼。想到这些，你就会稍稍放松一点了吧，就不会再觉得自己没用或者嘴笨了吧。

希望你看完本书之后，能够轻松应对多人交流的场合。

你知道吗？电车上有些座位只要你转一下，就能变成4

116

个人面对面坐。对于还没解开多人交流障碍心结的人来说，也许会觉得这种座位太烦了，不明白为什么要设计成这样，因为自己根本不想面对那种情景。

但是，我作为一个曾经有交流障碍的人，一个人类语言行为研究者，发自内心地希望有这么一天：4个互不相识的人坐在这种能旋转的座位上开心畅快地聊天，甚至到站了还恋恋不舍……

衷心希望本书能够帮助那些为克服多人交流障碍而苦恼的人们。

岩本武范

参考文献

『選択の科学』シーナ・アイエンガー著、櫻井祐子訳（文藝春秋）

『予想どおりに不合理』ダン・アリエリー著、熊谷淳子訳（早川書房）

『ファスト＆スロー（上下）』ダニエル・カーネマン著、村井章子訳（早川書房）

『脳には妙なクセがある』池谷裕二著（扶桑社）

『伝え方が9割』佐々木圭一著（ダイヤモンド社）

『脳科学の教科書　こころ編』理化学研究所脳科学総合研究センター編（岩波書店）

『脳科学の教科書　神経編』理化学研究所脳科学総合研究センター編（岩波書店）

『大人のための図鑑　脳と心のしくみ』池谷裕二監修（新星出版社）

『脳を最適化すれば能力は2倍になる　仕事の精度と

速度を脳科学的にあげる方法』樺沢紫苑著（文響社）

『なぜ、この人と話をすると楽になるのか』吉田尚記著（太田出版）

『脳と体に効く指回し教室』栗田昌裕著（廣済堂出版）

『売上を３倍にする マーケティング革命』安田尚司著（河出書房新社）

『よくわかる行動経済学』川西諭著（秀和システム）

作者简介

岩本武范，人类语言行为分析师。

他在静冈市铁路公司从事市场调研工作，同时在京都大学工学研究专业读在职博士，研究人们做出选择、采取行动的原因。他分析过超过 3000 亿个人类行为模式数据，采访过 1000 多人。

因为女儿遭遇交通事故损伤了脑部，所以他开始自学脑科学。由此他开创了新型康复手法，使女儿恢复了健康。岩本武范先生深感人类行为和大脑、心脏密不可分，试图将脑科学知识应用到市场营销和交流演讲中，从而开始了该项研究。

运用该项研究成果，他成功地令铁路公司旗下的超市和商场的销售额最高增长了 7 倍，使静冈市当地居民交通卡的持有率达到 50% 以上。

目前，他一边在企业工作，一边作为研究者继续研究，同时还作为研修讲师开展各种和"人为何购物""为何采取某个行动"等主题有关的活动。他还取得了心理咨询师资格证。